JN075089

五訂版

# 入門
# 生徒指導

『生徒指導提要(改訂版)』を踏まえて

片山紀子 著

学事出版

# はじめに

　生徒指導とは，問題行動を行う子どもだけでなく，すべての子どもを対象としたものです。子どもの資質や行動力を高めることを目指し，彼らの自立を促すためのものです。ここでいう自立とは，その子なりのよさを活かして，周りの力を頼りながらたくましく生きていくことです。

　誰しも自分が大人になると，過去のことを忘れてしまいがちですが，どんなに立派に見える大人でも，時には反抗しながら，殻にこもりながら，あるいは迷いながら大人になったのではないでしょうか。

　直接現場で対応にあたる教員は，子どもの暴力行為や不登校を困ったもの，つまりマイナスのこととしてとらえがちです。しかしながら，子どもの荒れや変化は決して悪いことではありません。周りに対してその子どもが意思表示をしているわけですから，適切に受け止めれば，次なる成長につなげることができます。

　子どもが荒れたり，自分の世界にこもったりすることは，発達の一つのプロセスであり，自然なことであるとゆったり構えることで，彼らをポジティブに受け止めることができるように思います。一見，元気そうな子どもも，心の内では迷っているかもしれません。ゆったりとした気持ちで，温かく子どもを受け止めてください。教師側に気持ちの余裕と情熱がないと，子どもは心を開くことすらしてくれません。

　難しいのは，教師の熱い思いだけでは，生徒指導がうまくいかないことです。なかなか子どもに響かないのです。そこには，教師が個として力量を備えるだけでなく，組織として取り組むための知識や戦略，そして技も必要とされます。

　近年，特別な支援を必要する子どもやLGBTQ＋にかかわる子ども，外国にルーツを持つ子どもなど，学校では多様な子どもの姿がごく普通に見られるようになりました。そうした変化を踏まえれば，これまで当たり前とされてきた生徒指導のスタンスは，今までと同じというわけにはいきま

せん。

　筆者は，これからの時代の生徒指導は，教師が一方的に指示する形ではなく，子どもを中心に据えながら，一般社会にも広く承認される持続可能な生徒指導へと転換すべきだと考えています。子どもを鋳型（いがた）にはめようとするような生徒指導では，もはやうまくいかないでしょう。自分の思い通りにしようと子どもを鋳型にはめようとすると，子どもが自分で考えなくなるからです。一方，自分で考える子どもは，誰かに言われたから変わるのではなく，むしろ周りの友人や教師等とのかかわりを通して自ら成長していきます。自分で考えることこそが，自立に向けた鍵です。

　最近は，いじめ重大事態も増え，訴訟も珍しくなくなってきました。こうした事態に，かつてのように学校だけで通用する内向きの生徒指導をしていても，うまくいかなくなっています。事案に対して，学校に直接関係しない人たちにもわかるように説明できなければ，社会から信頼が得られない時代に入っているのです。つまり，**全方位かつボーダレスの人に対して説明できなければならないということです。**

　このように，**子どもに自分で考えることを促す生徒指導，なおかついろいろな場面で説明ができ，広く社会から承認を得ることのできる生徒指導が，これからの時代のスタンダード**になると考えています。

　生徒指導を行うにあたって，一朝一夕にその力が養われることはありませんが，まず人として子どもや保護者，同僚等から信頼される存在となるよう研鑽を積み，教師としての力量を向上させる努力を地道に重ねていけば，そのうち自然と叶うのではないでしょうか。


　本書は，拙著『四訂版 入門生徒指導』を改訂したものです。生徒指導に関する事柄をわかりやすく伝えるため，基礎的・基本的な事柄にウェイトを置きながら内容を精選し，改訂版『生徒指導提要』にも対応しています。もちろんデータも新しいものに更新しています。本書を手に取っていただいた読者のみなさんに，何かしらヒントになることがあれば嬉しく思います。

2023年夏　片山紀子

# 第1章

# 生徒指導の基本

## 1 生徒指導とは

　生徒指導という言葉を聞くと，なんとなく問題行動を起こした子どものための事後指導のようなイメージをもってしまいます。しかし，そうではありません。日々の学校生活において，授業中であれ，授業外であれ，どの子に対しても，日常的に行うものです。どんな子どもであっても，迷いはありますし，小さな間違いを繰り返しながら成長していきます。生徒指導はこうしたすべての子どもを対象としています。

　人は，誰しも一人では生きていけません。とりわけ傷ついたときは誰かの支えが必要です。学校は勉強するところでもありますが，それだけではなく人が集う場ですから，他者とかかわったり，傷ついた友を支えたりしながら，人とつながる楽しさを学べる場でもあります。生徒指導を難しいものと身構えてとらえる必要はなく，まずは子ども同士をつなぐところから始めてみてはいかがでしょうか。

　2022年12月に改訂された『生徒指導提要』(文部科学省)は，生徒指導の定義及びその目的を下記のように記しています。

---

**生徒指導の定義**

　生徒指導とは，児童生徒が，社会の中で自分らしく生きることができる存在へと，自発的・主体的に成長や発達する過程を支える教育活動のことである。なお，生徒指導上の課題に対応するために，必要に応じて指導や援助を行う。

---

> **生徒指導の目的**
>
> 　生徒指導は，児童生徒一人一人の個性の発見とよさや可能性の伸長と社会的資質・能力の発達を支えると同時に，自己の幸福追求と社会に受け入れられる自己実現を支えることを目的とする。

　言い換えると，すべての子どもが将来，社会においてそれぞれ自己実現できるよう，また自立できるようにサポートしていく教育的な指導が生徒指導です。子どもの成長にも多大な影響を与えます。生徒指導と学習指導は，別々のものでしょうか。いえ，両者は表裏一体の関係であって，切り離して考えるべきものではありません。実際，授業を行うのが上手な先生は，授業の中でも生徒指導がうまく行えているでしょう。教師であれば，みな生徒指導を行います。生徒指導と学習指導のいずれもができて，さらにいえば集団指導と個別指導のいずれもができて，初めて専門職たる教師といえるのです。

　今回の改訂では，子どもを守るために**リーガルナレッジ**（法知識）**の理解**が求められています。かつてのように生徒指導を教師の「勘」だけで行う時代は終わりました。これからは，より一層コンプライアンス（法令遵守）意識を持ち，組織的に生徒指導に臨むことが求められます。

# 2 ｜ 子どもの姿

　子どもの本質は変わらないかもしれませんが，子どもの姿は時代とともに変わっていきます。社会の枠組が変わると，それに応じて子どもの姿も変わるからです。携帯電話やゲーム機，パソコンといったデジタル環境に囲まれ，その中でデジタルライフを満喫する子どもたちは，デジタル機器とそれに付随する擬似的な世界にエネルギーを注ぐ傾向が強くなっています。そうしたデジタル世界の仲間，およびごく身近な仲間に承認されることを気にするその一方，生身の自分が傷つくことを極度に怖れ，ありのままの自分をさらけ出したり，自己開示したりすることは苦手とします。

　失敗することをできる限り避けようとするため，友達の前では，ペルソ

ナ（仮面）で覆いながら過ごす子どもも珍しくありません。メールや SNS で一見多くの他者とつながっているかのように見える子どもも，一人ひとりは孤独を感じているのかもしれません。

　本音を言うことを躊躇し，人とかかわることも苦手とする子どもが少なくないわけですから，このような子どもたちから成る集団は，学級集団であれ，遊び仲間の集団であれ，結びつく力が弱いのがその特徴です。子どもたちのソーシャル・スキルが鍛えられる場面も少ないため，いじめが入り込む余地があちこちにあふれています。子どもたち同士の関係性は危うく，子どもが多くの時間を過ごす学級はそもそも成り立ちにくくなっているのです。

　教室には，家庭が落ちつかないために学校でしか学べない子どもや貧困な状況下に置かれた子ども，発達障害を抱える子ども，優れた才能と障害を併せ持つ２E（twice-exceptional）の子ども，LGBTQ＋にかかわって悩む子ども等，さまざまな子どもがいます。まさに教室は多様です。価値の多元化も進む中で，従来通りに生徒指導をやっていても，有効ではなくなってきたことを，われわれは肌で感じるようになりました。われわれが頭の中で考えるよりも子どもの様子は変わり，保護者の価値観も変化しています。学校を取り巻く環境は，子どもたちを学校に合わせようとする同化主義から，少数者も尊重する多文化主義にすでに移行しているのです。

　今や，学校や教員の価値観を一方的に押し付ける生徒指導が許される時代ではなく，**子どもの多様性を認めるとともに，それらを排除するのではなく最大限包摂していく時代，まさにダイバーシティかつインクルージョンを実現する時代**になっています。持続可能な生徒指導に向けた転換が始まっているのです。「今」という時代の中で，最適な生徒指導のあり方を模索していきましょう。

# 3 ｜ 生徒指導でつけたい人間関係力

　人とつながることを苦手とする子どもが増え，子ども同士の人間関係も希薄になっています。その一方，人間関係を築くのが上手な子どももいま

す。人とつながるのが上手な子どもは，次々と周りの人とつながり，社会
関係資本を着実に蓄積しながら，いろいろなチャンスを呼び込むことがで
きています。わかりやすく言えば，仮に自分一人でできなくても，周りに
訴えかけて，人に助けてもらう力があるのです。援助要請能力とも言いま
すが，子どもが自立して生きていくうえで大事な力です。

　子どもに人とかかわる力をつけることは，子どもが集まる場であるから
こそできる，学校の大事な役割です。できるだけ多くの人とかかわれるよ
うになると，よいと思います。「教えて！」「助けて！」と頼ることができ
る命綱は一つだけでなく，たくさんあったほうが子どもの支えが強固にな
るからです。

　人とかかわり合うことで，自分とは違う考えを持つ人がいることも知り
ます。自分とは異なる年齢や異なる領域の人，すなわち異質な他者と協同
しながら仕事を進めていける力をつけることで，仲間と一緒に課題解決を
目指す素晴らしさを知り，人生をより豊かにも切り拓いていけます。これ
からの生徒指導では，自立するための強い武器，人間関係力を意識したい
ものです。

# 4 ｜ 子どもの人権

　近年，「子どもの人権」に対する認識が劇的に高まっています。1989年
に国連総会で採択された「児童の権利に関する条約」には，わが国も1994
年に批准しています。ただ実際には，政府を含め，多くの人が，それは開
発途上国の子どもにとって必要なものだと誤解したため（甲斐田, 2021），批
准したにもかかわらず，近年まで新たな動きが見られることはありません
でした。したがって，2022年12月に改訂された生徒指導の基本書『生徒指
導提要』に取り入れられたことは大きな前進だといえます。

　2022年には「こども基本法」も成立し，2023年にはこども家庭庁も開設
されました。「子どもの人権」を見据えた新たな局面に入っているのです。
「子どもの権利条約」の基本的考えは，下記四つの原則から成ります。こ
れらは『生徒指導提要』でも取り上げられていますので押さえておきたい

と思います。

　子どもの人権を尊重するということは，どの子も差別なく，子ども一人ひとりの存在を大事にし，子どもにとって最もよい方法を念頭に置きながら，子どもの意見を聴くということです。校則等だけでなく，さまざまな場面で子どもから自身の考えを聴くことを意識しましょう。

---

### 子どもの権利条約　四つの原則 （「子どもの権利条約」の条文）

**（1）差別の禁止（差別のないこと）**
児童又はその父母若しくは法定保護者の人種，皮膚の色，性，言語，宗教，政治的意見その他の意見，国民的，種族的若しくは社会的出身，財産，心身障害，出生又は他の地位にかかわらず，いかなる差別もなしにこの条約に定める権利を尊重し，及び確保する。（第2条）

**（2）子どもの最善の利益（子どもにとって最もよいこと）**
児童に関する全ての措置をとるに当たっては，公的若しくは私的な社会福祉施設，裁判所，行政当局又は立法機関のいずれによって行われるものであっても，児童の最善の利益が主として考慮されるものとする。（第3条）

**（3）生命・生存・発達に対する権利**
生命に対する児童の固有の権利を認めるものとし，児童の生存及び発達を可能な最大限の範囲において確保する。（第6条）

**（4）意見を表明する権利**
児童が自由に自己の意見を表明する権利を確保する。児童の意見は，その児童の年齢及び成熟度に従って相応に考慮される。（第12条）

---

## 5 ｜ 子どもを主体にした生徒指導へ

　子どもの人権を尊重すれば，教師が一方的に指示する生徒指導のアプローチではなく，解決志向的なアプローチが求められます。そのアプローチに向けたヒントが実はコーチングにあります。コーチングは，先生が指示したり命令したりして一方的に指導するのではなく，子どもに問いかけ，それに対して子どもが自ら考え，解を見出していくものです。

　生徒指導でこれまでよく見られたことの一つが，子どもたちのあそこが

ダメだとか，あるいはここがダメといった一方的な指導です。筆者は，長年体罰や生徒懲戒に関する研究を行いながら，どうしたら指導がより子どもに伝わるのかを考え続けてきました。体罰を行使することによる弊害は，信頼関係を阻害し，子どもの安全や安心を保障できない点にありますが，最も大きな弊害は，子どもから自分で考えることを奪うことだと考えています。自分で考えることができない子どもは，いつまでたっても自立できません。

　これからは，教師が子どものできない点を追及し，**一方的に指導する問題志向的** (problem focus) **な生徒指導から，子どもを主体にして子ども自身に考えさせる解決志向的** (solution focus) **なものに，そのスタンスを転換**していく必要があります。コーチングの基本原理も，子どものできていない面ではなく，できているところに着目し，解決志向的なアプローチを取ります。

　子どもに問いかけをし，解決志向を意識しながら考えることを促していけば，子どもは自ら変わっていきます。ただし，教師の思い通りに変わるのではありません。子どもが自分で考えて，自らが気づいて解を見つけ，自ずと変わっていくのです。なお，コーチングについては，第6章「子どもの自立を促す生徒指導の方法」でふれています。

# 6 ｜ 自己有用感・自己効力感・自尊感情

　生徒指導の中では，自己有用感や自己効力感，自尊感情という言葉がよく使われます。一体どういう意味でしょうか。まず，**自己有用感** (self-affirmation) とは，人の世話をするなどして，自分が周りの人から必要とされている感覚のことです。次に，**自己効力感** (self-efficacy) とは，外界の事柄に対し，自分が何らかの働きかけをすることが可能であるという感覚のことです。自分に，ある目標に到達するための能力があるという感覚を持つことです。そして，**自尊感情** (self-esteem) とは，本人自身の価値に関する感覚のことで，自分を大切だと思い，自分を好きだと感じることです。自己肯定感とほぼ同じ意味でつかわれます。実際には，これらは重なる部

分も多いといえます。

　ある中学校の事例を通して，これらがどう育っていくのかを見てみましょう。この中学校はかなり荒れていました。その学校はたまたま観光地に位置していたので，教師たちは，できることから始めようと，お祭りで行われる行事（太鼓の演奏や神輿を担ぐこと）に生徒をどんどん巻き込んでいきました。荒れている生徒からすれば，勉強を強要されるわけではありませんし，生徒の目から見てもお祭りで役を担うことはカッコいいことなので，それほど抵抗のあることではありませんでした。荒れている子どもを積極的に中心的な役に持っていくと，周りの子も興味を持ってきます。お祭りは'ハレ'の舞台ですから，両親や近所の人など多くの人が見にきます。もちろん観光客も拍手をしますし，写真にも撮られます。そんな一瞬は，彼らにとってなんと気持ちのよい充実した瞬間でしょう。

　生徒が少しずつ変わっていくことに気を良くした教師は，生徒が地域に出て川の底をさらえるような奉仕作業もさらに学校行事に組み込んでいきました。すると，地域の人たちがその姿を見て「にいちゃん，えらいなぁ」，「ありがとうな」と声をかけてくれたのです。

　知らない人からほめられること自体が，生徒にはそれまで経験のないことでした。教師は行事に参加する生き生きとした生徒の姿を写真に撮って校内に飾ったり，地域の新聞に取り上げてもらったりしました。生徒はそれらを目にすると，みな嬉しくて，なんともいえないやりがいを感じたのです。やがて，授業も聞こうとするように態度が変わっていきました。

　この事例で見ると，これまで自分が前面に出て何かをやり遂げた経験のない子が，行事に参加することによって，地域の人に喜ばれ，人から認められたことを感じます。すると，自分は人のためになっているという自己有用感が高まります。そして，自分にはこれ以外にもやれることがあるかもしれない，もっとできそうだという自己効力感が出てきます。それらを通して，生徒は自分の価値を認めることができ，結果的に自分が好きであると思う自尊感情が高まっていくのです。

　生徒指導を行ううえでは，戦略として自己有用感や自己効力感を持たせ，自尊感情を高める場面を設定し，積極的に仕掛けを創っていくアクション

が必要となります。子どもには戦略が見えないよう，黒衣に徹し，仕掛け
を作っていくのが教師の役割です。仕掛けが成功しても，教師は黒衣のま
まできるだけ表には出ない方がよいでしょう。あくまでも子どもが「自分
達でできた」と，「よい意味での錯覚」をしてもらうことが，彼らの自尊
感情を高めるうえでは大事です。

# 7 自己指導能力

　**自己指導能力**とは，児童生徒が，深い自己理解に基づき，「何をしたい
のか」，「何をするべきか」，主体的に問題や課題を発見し，自己の目標を
選択・設定して，この目標の達成のため，自発的，自律的，かつ，他者の
主体性を尊重しながら，自らの行動を決断し，実行する力のことです（生
徒指導提要，2022）。

　言い換えると，周りの人を大事にしたうえで，自分を俯瞰しながら，自
らの目標を考え，人生を強かに生きていける力ともいえます。そのために，
『生徒指導提要』では，以下四つの視点が必要だとしています。

---

**自己指導能力を育む四つの視点**
① 自己存在感の感受
② 共感的な人間関係の育成
③ 自己決定の場の提供
④ 安全・安心な風土の醸成

---

　さて，これらは具体的にはどういうことでしょうか。

① **自己存在感の感受**とは，教師が一人ひとりの子どもを機会あるごとに
　認め，子どもが自分は大切にされていると思えるようにすることです。
　子どもの名前を一人ひとり呼んだり，黒板に名前の書かれた磁石を準備
　して示したりすることもその一つです。「太郎君のおかげで，みんなが
　助かったね」など，子どもの存在を認めた声のかけ方だと子どもにも響

きます。

② **共感的な人間関係の育成**とは，教師が一人の人間として自己開示を行い，教師と子どもの人間的ふれあいを大事にすることです。教師は子どもとの共感的人間関係をつくる第一歩として，自分の考えを率直に子どもに語らなくてはなりません。自分の考えを押し付けるのではなく，思いを上手に伝えるようにします。教師が何を考えているのか，まるでわからない状態で共感的な人間関係をつくることは難しいでしょう。

③ **自己決定の場の提供**とは，自分自身で考える時間や機会を子どもに保障していくことです。日々の生活の中で小さなことでもよいので，子ども自身に決めさせていくようにしましょう。学級でも，自分で決めた仕事をすることによって責任を持てたり，主体的に関わったりすることができます。自分で決める経験をしてこなかった子どもは，例えば将来進路を決める時もなかなか決めることができず，結局親が決めてしまい，そのあと進学先や就職先で失敗すると親のせいにしたりします。自分で決めていないので，人のせいにするのです。キャリア教育の観点からも，子どもに自分で考えさせ，自分で決めてもらう場面を可能な限り多く設定することは重要なことです。

④ **安心・安全な風土の醸成**とは，児童生徒一人ひとりが，個性的な存在として尊重され，学級・ホームルームで，安全かつ安心して教育を受けられるように配慮することを言います。心理的安心性 (Edmondson, 2012) が保てないと，子どもは怖くて自分の意見を述べることも，弱さを見せることもできないので，何かに挑戦してみようとする気持ちにはなれません。それでは人として成長する機会を子どもに保障することができません。

# 8 『生徒指導提要』が示す2軸3類4層構造

『生徒指導提要』(2022) は，児童生徒の課題への対応を時間軸や対象，課題性の高低という観点から類別し，生徒指導を**図1，2**のように，**2軸3類4層構造**で表しています。

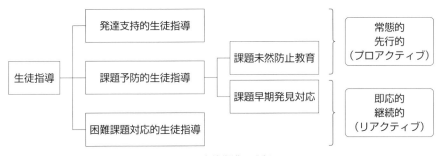

図 1　生徒指導の分類

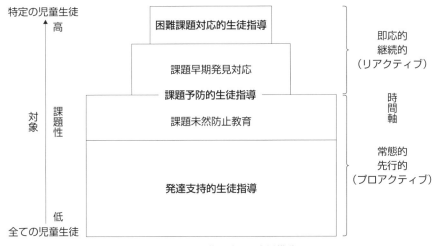

図 2　生徒指導の重層的支援構造

〈出典〉ともに文部科学省『生徒指導提要』令和 4 年12月

## (1) 2軸とは

　2軸とは，生徒指導課題への対応を時間軸に着目し①常態的・先行的（プロアクティブ）と②即応的・継続的（リアクティブ）生徒指導の 2 つに分けたものです。

① 常態的・先行的（プロアクティブ）生徒指導とは，日常の生徒指導を基盤とする発達支持的生徒指導と組織的・計画的な課題未然防止教育のことを指します。授業や日常生活の中で行う積極的な先手型の生徒指導のことです。

② 即応的・継続的（リアクティブ）生徒指導とは，課題の予兆的段階や初期状態における指導・援助を行う課題早期発見対応と，深刻な課題への切れ目のない指導・援助を行う困難課題対応的生徒指導のことです。問題が顕在化したり，表面化したりした際の事後対応型の生徒指導のことです。

## (2) 3類・4層とは

　3類とは，①発達支持的生徒指導・②課題予防的生徒指導・③困難課題対応的生徒指導のことで，生徒指導の課題性の対応を三つに分けたものです。そのうちの②課題予防的生徒指導を，課題未然防止教育と課題早期発見対応の二つに分けると，合わせて4層ということになります。それぞれ以下で説明しましょう。

① 発達支持的生徒指導とは，特定の課題を意識することなく，すべての児童生徒を対象にしたものです。学校の教育目標の実現に向けて，教育課程内外のすべての教育活動において進められる生徒指導の基盤となる指導のことを言います。
　あくまでも子どもが自発的・主体的に自らを発達させていくことを尊重し，その発達の過程を学校や教職員が支えていくというものです。教職員は，子どもの個性の発見とよさや可能性の伸長と社会的資質・能力の発達を支えるよう働きかけます。日々の挨拶，声かけ，励まし，賞賛，対話など，授業や行事等を通した個と集団への働きかけが大事です。

② 課題予防的生徒指導とは，すべての児童生徒を対象とした課題の未然防止教育と，課題の前兆行動が見られる一部の児童生徒を対象とした課題の早期発見と対応を含むものです。
　課題予防的生徒指導は，（1）課題未然防止教育（すべての児童生徒を対象とし

た課題の未然防止教育）と，（2）課題早期発見対応（課題の前兆行動が見られる一部の児童生徒を対象とした課題の早期発見）の二つから成っています。

　（1）課題未然防止教育は，すべての児童生徒を対象に，生徒指導の諸課題の未然防止をねらいとした，意図的・組織的・系統的な教育プログラムを実施することです。具体的には，いじめ防止教育，SOS の出し方教育を含む自殺予防教育，薬物乱用防止教育，情報モラル教育，非行防止教室等のことを言います。

　（2）課題早期発見対応は，課題の予兆行動が見られたり，問題行動のリスクが高まったりするなどした場合，気になる一部の児童生徒を対象に，深刻な問題に発展しないように，初期の段階で諸課題を発見し，指導・援助を行うことです。

③ 困難課題対応的生徒指導とは，深刻な課題を抱えている特定の児童生徒への指導・援助を行うことです。いじめ，不登校，少年非行，児童虐待など特別な指導・援助を必要とする特定の児童生徒を対象に，校内の教職員（教員，SC, SSW 等）だけでなく，校外の教育委員会等（小中高等学校又は特別支援学校を設置する国公立大学法人，学校法人，大学を設置する地方公共団体の長及び学校設置会社を含む。），警察，病院，児童相談所，NPO 等の関係機関との連携・協働による課題対応を行うことなどが，困難課題対応的生徒指導ということになります。

　生徒指導では特に，発達支持的生徒指導を日頃から意識することや常態的・先行的（プロアクティブ）な生徒指導に関する創意工夫が重要です。ただ，そこには限界もあります。そのため，学校だけで対応するのではなく，困難課題対応的生徒指導の観点から，連携機関につなぐ意識を持つようにしましょう。そのためには，どのような連携機関があるのか事前に知っておくことが大事です。単に連携機関の名称だけ知っておくのではなく，具体的にどこにその機関があるのか，その機関は何ができるのかまで知っておかなければ，いざという時にそれらにつなぐことはできません。

# 9 児童生徒への性暴力の禁止

2021（R3）年5月、「教育職員等による児童生徒性暴力等の防止等に関する法律」が公布されました（2022年4月施行）。第3条には、次のように記されています。

> **児童生徒性暴力等の禁止**
>
> **第3条** 教育職員等は、児童生徒性暴力等をしてはならない。

この法は、第1条（法の目的）にもあるように、教育職員等による児童生徒性暴力等が児童生徒等の権利を著しく侵害し、児童生徒等に対し生涯にわたって回復し難い心理的外傷その他の心身に対する重大な影響を与えるものであることを鑑みて制定されました。これにより、教育職員等が児童生徒等へ性暴力を行うことは法律違反となり、厳正な対処がなされることになりました。

生徒指導の一環で児童生徒の個人的な相談に乗るうちに、SNSで私的なやりとりをするようになったり、外で会ったりするなどした結果、教員による性暴力事案が生じています。リーガルナレッジ（法知識）の理解はもちろんのこと、大人である教員には、児童生徒等の権利利益を擁護する立場にあることの自覚が求められます。

> **児童生徒性暴力等の定義**
>
> **第2条の3** この法律において「児童生徒性暴力等」とは、次に掲げる行為をいう。
> 一 児童生徒等に性交等をすること又は児童生徒等をして性交等をさせること。
> 二 児童生徒等にわいせつな行為をすること又は児童生徒等をしてわいせつな行為をさせること。
> 三 児童買春、児童ポルノに係る行為等
> 四 児童生徒等に次に掲げる行為
> 　イ 衣服その他の身に着ける物の上から又は直接に人の性的な部位その他の身体の一部に触れること。

> ロ　通常衣服で隠されている人の下着又は身体を撮影し、又は撮影する目的で写真機
> その他の機器を差し向け、若しくは設置すること。
> 五　児童生徒等に対し、性的羞恥心を害する言動であって、児童生徒等の心身に有害な
> 影響を与えるものをすること。
>
> （以上、適宜略）

### コラム1　誰とでも雑談することができますか？

　あなたは、病院の待合室でひょっこり出くわしたおじいさん、スーパーで出会った年配の女性、あるいはどこかの会社の社長さん、弁護士さん、科学者といった多種多様な方々と、何の苦も無く1時間間でも、2時間でも話をし続けることができますか。相手の状況を読み取りながら、質問し、話題を展開させ、会話を続けることができますか。

　授業でグループに分かれて討論してもらったり、活動してもらったりする際に、ときどき人を選ぶ学生がいて気になります。誰とでも雑談する力があるかどうかが、多様な子どもや保護者を相手にしていく時にものをいうからです。

　社会に出たら、もしかしたら気が合わない人のほうが多いかもしれません。それでも、人とかかわらなければ仕事はできません。周りの人に話しかけることができるか、雑談できる力があるかが、人間関係力が高いかどうかの一つの指標です。教師としての適性もそこから見えてくるように思います。

**演習**　近くにいる受講生と（お互いに知らないほうが望ましい）小学校時代の自分のことを（テーマは適切なものを選んでください）お互いに伝えてみましょう。話が途切れないように、次々と話題を変えながら話し続けてみてください。

# 第2章 児童生徒理解

## 1 児童生徒理解とは

　児童生徒理解とは，子ども一人ひとりの特徴や傾向をよく理解し，把握することです。具体的には，児童生徒の能力，適性，興味，関心，現段階の意欲や目標，家庭環境，これまでの指導の経緯等について，情報収集を行うことが基本となります。教育のあらゆる面において，児童生徒理解はその基盤であり，教育実践の鍵を握るものです。

　教師は，日々子どもの「荒れ」に出会いますが，教師という職業を選択した者は，自分自身が大きな「荒れ」を経験したことは，どちらかといえば少ないのではないでしょうか。ただ，生身の子どもは，それぞれに事情を抱え，やりきれない自分を表現したい衝動に駆られることもあれば，時には問題行動や非行を起こすこともあります。

　ここで気づいてほしいのは，そうせざるを得ない子どもの気持ちです。荒れている子どもは，自ら好んで荒れているわけではありません。何らかの理由があって荒れているのです。両親に過度の期待をされて息苦しいのかもしれませんし，学校の勉強がわからず喘いでいるのかもしれません。あるいは，家庭内で性的虐待を受けているかもしれませんし，両親の不和に苦しんでいるのかもしれません。

　頭に入れておいてほしいのは，荒れる理由は必ずしも子どもに明確にわかっているわけではないということ，そして荒れている理由や自分の気持ちを言葉にして説明するのは難しいということです。荒れるということは，

子どもの心が不安定であることの表れで，もがき苦しむ子どもの姿だと考えてよいでしょう。友達との関係に，家庭で満たされないことに，あるいは見えない将来にどうしてよいかわからず，必死でもがいているのです。

　中学校の教室で観察を行っていた際，どうして騒ぐのか，インタビューしたことがあります。ある生徒と何度も話すうち，ようやく本音を語ってくれました。彼は，勉強がわからないということを周りに知られたくないために（周りは気づいているのですが），騒いでいたのです。実は，小学校2年生で学習する九九を覚えておらず，それ以降は授業に対する苦手意識が強くなっていきました。そんな自分をどうしても友達や教師の前に出せずに強がっていたのです。

　わけもなくばか騒ぎする，ある日突然，友達に殴りかかる，斜に構えて教師に食ってかかる，自宅で一人リストカットを試みる，誰とも話をしなくなり引きこもる，あるいは携帯サイトから異性交遊に走り学校に来なくなる，そんな形で彼らは表現してきます。それぞれの子どもが抱える事情はそれぞれに異なりますが，「心が満たされていない」という点で共通します。「心が満たされていない」者同士で，居場所を求めて群れることも珍しくありません。

　彼らと接していると一人前の口をきくため，つい忘れがちになるのですが，彼らは大人になる手前の過程を生きている子どもなのです。発達の最中にある多感な子どもが，問題を抱え，悩み，喧嘩をするのはごく当たり前のことです。特に，思春期にある子どもは，多感な割に葛藤（コンフリクト）を取り扱うことに不慣れで，そのためのスキルにも乏しいのが普通ともいえます。

　**児童生徒理解**は，子どもを甘やかすことであると，誤解を受けることもあります。しかし，子どもを理解しようとすることは，子どもを甘やかすこととは異なります。子どもを理解しようと寄り添い，一緒に考えていく児童生徒理解が根底になければ，生徒指導を進める中で，子どもを追い詰め，あるいは孤立させることにもつながりかねません。

　荒れる子どもは，教師から見たらどうしても疎ましい存在に見えてしまうでしょう。「教室から消えてくれたら……」と思う瞬間があるかもしれ

ません。でも，子どもは心の奥底で教師に期待しているのです。子どもの行動はその気持ちの裏返しでもあり，必死でもがきながら訴えているのです。教師が子どもに共感し，子どもを理解しようとする姿勢をまず示さなければ，子どもが教師の言葉に耳を傾けることなどありません。

# 2 │ 児童生徒理解に影響する要因

## (1) ピグマリオン（期待）効果 (pygmalion effect)

　1964年にアメリカ合衆国の教育心理学者ローゼンタール (Rosenthal, R.) が実験したことによって示された効果で，教師が期待した子どもはそうでない子どもに比べて知能や成績が向上するというものです。

　教師が期待すると子どももその期待に応えようとします。**ピグマリオン効果**という名前は，ギリシャ神話に出てくるピグマリオン王の逸話に由来するものです。ピグマリオンは，理想とする結婚相手に出会えず失望していたところ，自分で作った女性の彫刻のあまりの美しさに恋をしてしまい，彫刻に命が宿ることを祈り続けた結果，神によって彫刻に命が吹き込まれたと言われています。

　この逸話に由来して**ピグマリオン効果**と命名されたわけですが，このような効果をローゼンタールは，人は常に相手の期待に対し最も敏感に反応するから，と説明しています。

　反対に，期待しないことで成績が向上しないことをゴーレム効果 (golem effect) と言います。そもそも**ピグマリオン効果**は，知能や成績に言及したものですが，教師と子どもとの関係，すなわち生徒指導にも波及することが考えられます。

## (2) ステレオタイプ (stereo-type)

　**ステレオタイプ**とは，教師がそれまでに見聞きしたことによって，ラベリング（レッテルを貼って決めつけてしまうこと）をしてしまい，偏見を持ってしまうことです。例えば，見た目が不良の格好をした生徒を見ると，心も歪ん

でいるなどのステレオタイプな見方をしてしまいがちですが，家庭ではその生徒が父親からDV（ドメスティック・バイオレンス）を受ける母親を必死でかばい，心はズタズタになりながら虚勢を張るために，そのような格好で登校していることもあります。教師は，**ステレオタイプ**な見方をしてしまうと公正な判断ができなくなりますので，この点，日頃から意識する必要があります。

### (3) 初期効果 (primary effect)

　**初期効果**とは，児童生徒を見た最初の印象がその後まで響いてしまうことです。例えば，まだよく生徒を知らない段階で，制服を着たまま街でたばこを吸っている生徒に出くわしたとしましょう。教師は，その生徒がその後よい面があることがわかったとしても，街でたばこを吸っていた最初の印象にひきずられ，よくない生徒だと判断してしまいがちとなります。また，その逆もあり得ます。

### (4) ハロー効果 (halo effect)

　ハロー（halo）とはそもそも後光のことであり，仏や菩薩の体から放射するという光輝のこと，またそれを表すために仏像の後ろに添えた金色の輪のことです。ここから転じて，ある面が優れていると，他の面も肯定的に評価しやすくなることを言います。例えば成績の良い生徒について，他の生徒に親切だろうとか，万引きなどしないだろうとか，直接証拠がないにもかかわらず気づかないうちに他の面まで高い評価を下してしまう傾向にあります。一方，ある面が優れていないとすれば，反対に他の面まで否定的に見てしまいがちとなります。

　いじめられた子どもが，いじめる子どもの名前を挙げて訴えたにもかかわらず，担任が名前が挙がった子どもは「成績も良く，学級委員も務める生徒なので，そんなこと（いじめ）をする子ではない」と思い込み，対応が遅れてしまったケースがあります。これがまさに**ハロー効果**です。反対に，教室で金銭がなくなったとき，問題行動が見られる子どもを犯人ではないかと担任が疑った例もあります。これも同じく**ハロー効果**です。

## (5) 対比効果 (contrast effect)

対比効果とは，自分の属性や能力を基準として他者を判断・評価してしまいやすいことです。教師はそもそも努力することを厭わず，勉強もある程度好きな人がその職に就いていると考えられます。すると，学習態度も悪く成績の悪い児童生徒を見る時に，無意識に自分と比べてしまい，努力しない怠惰な子どもだと判断してしまいがちとなります。

同様に，自分の性格が几帳面な教師は，提出物の出ない児童生徒をルーズな生徒と決めつけやすいですし，反対にそれほど几帳面ではない教師は，そのことをあまり気にしなかったりします。このように，自分自身が判断の基準となってしまうことを対比効果と言います。

例えば支援の必要な子どもは，怠惰だからできないのではなく，そもそも子どもが備えている特性によるものですが，教師がその子どもに対して自分を基準として指導・評価してしまうことは誤りです。

## (6) 寛容効果 (generosity effect)

教師は，よく知っている児童生徒や親しげに話しかけてくる児童生徒は，好意的に評価しやすくなります。すなわち，知っていることで判断・評価が甘くなる傾向にあるのです。これが**寛容効果**です。

反対に教師にあまり近づかない児童生徒やよく知らない児童生徒には，評価が厳しくなりがちです。きょうだいや保護者もよく知っている児童生徒の評価が緩くなったり，部活を担当している生徒の評価が甘くなることなどはよくある例です。無意識のうちに児童生徒を評価してしまうので，注意が必要です。

# 3 | 認めること

ほめることと認めることは少し違います。ほめると，ほめられること自体が目的となり，その次もほめられることを期待してしまうようになります。そうしたことから，「ほめる」よりも「認める」を意識することをお

勧めします。ほめたくなる気持ちもわかりますが，教師が子どもをコントロールすることにつながるので注意が必要です。

　認めると言っても，**結果を評価する結果承認ではなく，小さな事実を認める事実承認を意識する**とよいでしょう。事実承認とは事実をそのまま認めることで，「課題ノートが提出できましたね！」といったさりげないものです。事実をそのまま認めることの積み重ねが大事です。それも本人が気づいていないことを認めるのがポイントです。自分では意外と気づいていないからです。

# 4 叱るというよりも言葉で説明する時代

　近年，叱ることへの世の中の視線が変わってきました。社会一般で，厳しい叱責はパワー・ハラスメントとみなされるようになってきたことと関係があります。

　具体的には2019年5月に，「改正労働施策総合推進法」が改正され，大企業では2020年6月から，中小企業では2022年4月より，職場におけるハラスメント対策の強化が義務づけられるなど，法的な裏付けがなされるようになったことが大きいです。

　いわゆる「パワハラ防止法」と呼ばれるもので，企業と学校とでは異なりますが，これからの時代は社会一般に理解が得られるような叱り方を意識しなければならないでしょう。

　学校では大きな声で怒鳴る光景をまだ目にすることがあります。叱ることが悪いわけではありませんが，教師が子どもを過度に叱責するなど不適切な指導をし，指導死に追い込む事案が発生しているのも事実です。

　さて，叱り方を意識するとは，どういうことでしょうか。筆者はこれからの時代は，叱るというよりも「言葉で説明する時代」になると考えています。怒鳴ったり，威嚇したりして，子どもを従わせるのではなく，一人の人間として敬い，言葉で丁寧に説明する力が教員の力量として重視される時代になるということです。

　これについては，第7章「生徒懲戒と体罰，出席停止」の体罰の項目で

もふれますので参照ください。

# 5 | 叱るとしたら

　筆者は，研究活動を通して，問題行動を起こす少年に話を聞くことがあります。彼らが学校で最も腹が立つ教師の行為とは何でしょうか。それは，教師が自分たちの問題行動を見ても，「無視する」ことだそうです。正面から叱ってくれる教師とそうでない教師を，彼らは動物的嗅覚とでもいうべき鋭い感覚でもって識別し，彼らがどう反応するかはともかく，心では感謝しているのです。

　学校では，叱らなくてはならない場面も確かにあります。その際の心得を挙げておきましょう。

■ 推測や教師の解釈に基づかず，自分が実際目にした行動を叱る。
■ 児童生徒が，変えることができる行動に焦点を当てて叱る。
■ 児童生徒にとって，最も重要だと思われることに焦点を当てて叱る。
■ できている面を認め，建設的な視点から叱る。
■ 教師の意見を長々と言わず，児童生徒に質問して自分でどうしたらよいのかを考えさせる叱り方をする。
■ 子どもの個人差に配慮して叱る。
■ 出来事の直後に叱る，場合によっては後で叱る等，タイミングに気をつける。
■ わざと大勢の前で叱る等，見せしめ的な叱り方にならないようにする。
■ 叱った後は気をつけて観察したり，声かけしたりするなど，フォローをする。
■ 叱った子には，これから先，期待していることを伝える。

　長時間にわたって叱られたり、指導されたりすると、子どもは逃げ場がないような気持ちになり、視野狭窄状態になって、学校の窓から飛び降りたり、電車に飛び込んだりといった、取り返しのつかない行動に出てしま

うことがあります。

　叱る必要があるときは、できるだけ短い時間にするなど工夫し、慎重に行いましょう。子どもの様子が気になるようであれば、叱った後は家まで送り届けるか、お家の人に迎えに来てもらうようにします。不適切な指導にならないように留意しましょう（p.89〜90も参照してください）。

---

### コラム2　みんなの前でほめたところ……

　小学校6年生の子どもが，以前は全く泳げなかったのに，ようやく5メートル泳げた場面に遭遇した教師は，ほめたくて仕方がない衝動に駆られました。実際，みんなの前でそれを取り上げたのですが，その子どもは，みんなの前で5メートルしか泳げないことを言われたと感じたので，学校に行くのが嫌になってしまいました。

　また，ある教師は子どもが大きな絵画大会で表彰されたため，それをみんなの前でほめました。すると，翌日から教師の気づかないところでほめられた子どもに対する陰湿ないじめが始まりました。

　いずれも，教師の意図とは反対のことが教室の中で起こっているのです。子どもを全体の場でほめようとすれば，その前提としてそれを受容できる集団でなければ，うまく響きません。集団ができていなければほめることも逆効果にすらなってしまうということです。

---

**演習**　子どもを指導しなければならない具体的な場面を想定し，二人組で教師役と子ども役になってロールプレイしてみましょう。

第3章

# 教師の姿

## 1 │ 手本としての教師

　アメリカの児童心理学者ハイム・G・ギノット (Heim G. Ginott) は,「わたしは一教師として,子どもの生活をみじめなものにしたり,あるいは楽しいものにする,ものすごい力を持っているのです。わたしは拷問の道具にも,あるいは感動をもたらす楽器にもなれるのです。わたしは,子どもに恥をかかせることも,あるいは彼らを上手に扱うこともできます。あらゆる場面で,危機の拡大となるか,それともその減少となるか,また子どもが人間とされるか,それとも人間とされないかを決定するのは,わたしの一挙手一投足なのです」と言っています (トーマス・リコーナ, 1997)。

　子どもの前に立つとき,そして学級を経営していくとき,教師の姿は非常に重要です。子どもたちは,教師の一挙手一投足をじっと見ています。「ただただ,じっと見てる」と言ってもよいでしょう。信用してよい教師か,あるいは信用してよい人間かどうか,黙ってじっと見定めているのです。

　確かに人間は最初の見た目や印象に左右される側面があり,教師が生徒に最初にどのように見られるかも重要です。しかし,毎日子どもの前で授業を行う教師に,付け焼き刃的な武装は通用しません。付け焼き刃の部分が大きければ大きいほどその後の反動,すなわち子どもにとっての落胆も大きくなります。特に,家庭や学校で不利な立場に置かれ,厳しい環境にいる子どもは,より敏感で動物的嗅覚とでもいうべき繊細さで教師をじっ

と見定めています。

　教師には，教師としてふさわしい行いをすること，そして子どもに信頼できる人物であると思ってもらえることが，生徒指導を行ううえでも，職業上も，自ずと求められているのです。

# 2 ｜ 教師のリーダーシップ

　担任している学級の子どもたちは，そもそもその教師を好んで自ら集まってきたわけではありません。子どもの立場からすると，これといって好きでもない教師を担任と言わねばならず，教えてほしいと特に願っているわけでもない教師を先生と呼ばなければならないのです。

　教師は，そうした子どもたちに対して教育者として一定の良識ある影響を与え，子どもたち一人ひとりに対して，あるいは集団に対して安心・安全を保障していく必要があります。教師を選ぶことができない子どもの側からすると，その満足度の差が大きいといえるでしょう。

　図1は三隅（1966）によるPM理論です。**PM理論**とは，企業におけるリーダーのタイプを四つの類型に分類したもので，PはPerformance（生産重視）を，MはMaintenance（人間関係重視）を表しています。

　これを教室においてリーダーである教師に当てはめると，Pは方向性のはっきりした明瞭な指導，Mは一人ひとりへの行き届いた配慮や支援を意味します。リーダーといえば，強さをイメージすることがよくありますが，理想とされるのはバランスのよいPM型で，方向性を明瞭に示すことができるとともに，一人ひとりの子どもに配慮できる教師です。

　方向性ははっきりしているものの，自分の考えを押し付け，怒鳴ってばかりの超P型の教師。その反対に子どもに気に入られたいだけで，相手におもねるばかりの超M型の教師。どちらも子どもはイライラしてしまい，学級経営はうまくいきません。

　自分はこの類型のどこに属するのか，ビデオを撮るなどして客観的な目で確認するのもよいでしょう。教職に就いて間もない若い教師は，一人ひとりへの支援は比較的得意な一方で，方向性のある全体指導は弱いM型に

陥りやすい傾向にあります。個性を活かしつつも，PM型を意識しましょう。

図1　PM理論

〈出典〉三隅二不二『新しいリーダーシップ─集団指導の行動科学』（ダイヤモンド社，1966年）を参照して作成。

# 3 ｜ 教師の自己開示

　**自己開示**とは，何でしょうか。これについて榎本は，「自分がどのような人物であるかを他者に言語的に伝える行為」と定義しています（榎本，1997）。常日頃，自分が出くわしたさまざまな事柄や現象に対して，素直に自分の思いを語ったり，物事に対して自分の考えを片意地はらずに語ったりする力があれば，自己開示力があると言ってよいでしょう。

　自分の思いをうまく表現し，自己開示できる人は，周りからサポートを得ることができます。反対に自己開示できない人は周りからのサポートも得られません。つまり，自己開示が自然とできると，周りに助けてもらえるのです（片山・水野，2017）。

　授業中，子どもが自分の考えを発表する場面は見慣れた光景ですが，教

師によって子どもが発言しやすい場合とそうでない場合とがあるのに気づいたことはありませんか。友達の前で，発表してみようかどうしようかと迷う**子どもの気持ちを後押ししているのが，実は教師の自己開示力**です。

　苦い経験や失敗も含めて，子どもに心を開いて語る人間味にあふれた教師の姿勢は，自分も友達の前で率直に考えを語ってもよいのだという安心感を与えます。教室において教師は子どもの手本（モデル）となりますから，教師がいかに自己開示を行うかが，教室の空気を左右することになるのです。

　子どもが安心して発言している学級では，教師が自然と自己開示しています。反対に，教師が自己開示せず，教師の考えていることがよくわからない学級は，子どもに集中力がなかったり，荒れていたりします。何が自分たちに期待されているのかがわからず，不安になるからです。自己開示は，子どもとの信頼関係を築くうえで，大変重要な意味を持っています。

　日常的な自己開示とは，次のようなものです。朝の会で「先生は，昨日とてもいいことがありました（嬉しい気持ちを自分の言葉で表現しながら紹介する）……」，「先生は，先週の土曜日，バスの中で悲しい場面に出くわしました（なぜ悲しかったのか，児童生徒に考えてもらうよう話す）」など，自分の体験をモチーフにして，気持ちを素直に語ることです。

　「先生は，小学生のころ苦手なことがありました。実は，小学校のとき，跳び箱でつまずいて，みんなに笑われて……」と自分の体験を飾らずに語ってもよいでしょう。子どもから立派に見える先生といえども，「子どもの時はそんなことがあったのかぁ」「そんな恥ずかしいことをしたんだ。先生も僕とあんまり変わらないなぁ」と子どもが安心し，教師を近い存在に感じることができます。

　また，子どもから意外な質問が出た時は，「先生もわからないけど，一緒に調べよう。世の中はわからないことだらけだね」と正直に言えば，子どもと一緒に問題解決型授業として取り組むこともできます。

　もちろん，子どもの前で言うべきことと，そうでないことの区別はつけなくてはいけませんが，教師のさりげない自己開示は，子どもの自己開示につながります。

# 4 ジョハリの窓

　ジョハリの窓を用いて，自己開示についてもう少し説明しましょう。
**ジョハリの窓**とは，自分をどの程度公開し，どの程度隠すかということを
軸に，円滑なコミュニケーションに向けて提案されたモデルです。1955年
にサンフランシスコ州立大学の心理学者ジョセフ・ルフト (Joseph Luft) と
ハリー・インガム (Harry Ingham) が発表した「対人関係における気づきの
グラフモデル」のことで，後にジョセフとハリーの名前を組み合わせて，
ジョハリの窓と呼ぶようになりました。

　それぞれ人には，自分がよくわかっている自分や人にしかわからない自
分などがあり，自分のことをわかっている程度は，人によって異なります。
それを図2のように，自分の視点から「自分にわかっている」，「自分にわ
かっていない」と，他人の視点から「他者にわかっている」，「他者にわ
かっていない」の四つの窓に分けて示したものが，ジョハリの窓です。

　Ⅰは，「自分にわかっていて，他者にもわかっている (open self)」**開放の
窓**です。Ⅱは，「自分はわかっておらず，他者にはわかっている (blind
self)」**盲点の窓**です。Ⅲは，「自分にはわかっており，他者にはわかって
いない (hidden self)」**秘密の窓**です。Ⅳは，「自分も他者もわかっていない
(unknown self)」**未知の窓**です。

　Ⅰの窓すなわち，開放された窓が大きいということは，自己開示が進ん
でいるということを意味し，他者とのコミュニケーションはとりやすい態
勢にあるということになります。Ⅱの窓すなわち，盲点の窓が大きいとい
うことは，他者から自分にうまく自分のことがフィードバックされておら
ず，そのため自分自身への理解が弱いことになります。Ⅲの窓すなわち，
秘密の窓が大きいということは，他者に自分を理解してもらおうとするコ
ミュニケーションをとっていないことを意味します。Ⅳの窓すなわち，未
知の窓は誰しも持っていますが，他者とうまくコミュニケーションをとっ
ていけば，自ずと自分にフィードバックされるため，結果的に他者にも理
解してもらえるようになり，この窓は小さくなります。教師は，児童生徒

とうまくコミュニケーションをとる必要があるので，Ⅰの「開放の窓」が
大きいほうが好ましいといえます。
　集団がうまくできている教室を覗くと，子どもたち同士の自己開示力が

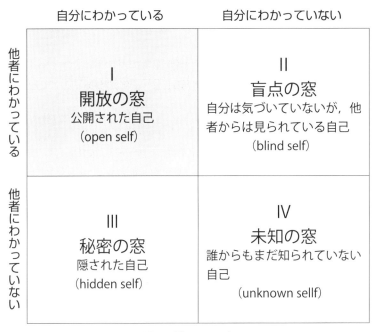

図2　ジョハリの窓

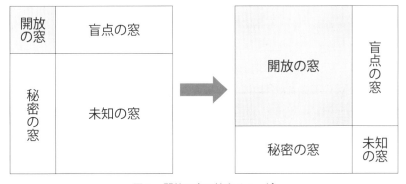

図3　開放の窓の拡大イメージ

高く，開放の窓が広いことが一目瞭然に見てとれます。それぞれの開放の窓が広い教室では，周りとの交流が自然で，認知の修正や拡大が次々と子どもに起こるので，ついつい見とれてしまいます。

　開放の窓が狭いと感じたら，例えば構成的グループ・エンカウンター等を用い，時間をかけて開放の窓を広げていくとよいでしょう。

### コラム3　ある先輩より──みんなに良い先生と思われたかったわたし──

　あなたは，どんな先生になりたいと思っているでしょうか。優しい先生，リーダーシップ力のある先生，たくさんの子どもから慕われる先生……。きっとさまざまな理想の教師像があるでしょう。かく言うわたしも，教員になった時は「良い先生」「この学級をもってくれてよかったと思われたい」，そんな強い気持ちを持っていました。

　子どもから良い先生と思われたい。その気持ちは，教員となった誰しもが抱くのではないでしょうか。わたしの場合は，クラス全員一人ひとりが"大事にされている"と思えるような「良い先生」を目指していました。もちろん，一人ひとりを大事にすることは必要なことであるし，それを目指すことは自然なことです。しかし，わたしの場合はその思いにとらわれ過ぎていたのです。

　個人を大事にすることと集団を大事にすること，教員にはどちらも求められているのに，良い先生に見られたいわたしは，前者に偏ってしまったのです。

　どのような失敗があったか，過去を振り返るのは想像以上に苦しい。しかし，ああ，これもあった……こんなこともあったな……あれ？　この失敗って全部「良い先生」だと思われたかったからか！　とつながった時には，どこか吹っ切れたような気持ちがでてきました。

　本やテレビドラマに出てくる「先生」は，たくさんの子どもに囲まれるような「良い先生」が描かれることが多い。しかし現実には，いろいろな子どもがいて，（この先生，なんか合わないなあ……）と思う子どもたちだっているでしょう。しかしそれでいいのではないでしょうか。全員に好かれる必要はないのではないでしょうか。

〈出典〉片山紀子・若松俊介編著『「うまくいかないから考える」─若手教師成長のヒント』ジダイ社，2021年，pp.38-49より改編。

## コラム 4　ある先輩より──子どもに悪口を言われていた自分──

　私は，小学校 3 年生の担任として教員生活をスタートしました。教員になってからは，どの子にも毎日いろいろな話をして，どの子にも寄り添う指導を心掛けてきたつもりです。しかし，私の思いは子どもたちに届いてはいませんでした。

　ある日，先輩先生から「先生の学級の子どもが，オンラインゲームで先生の悪口を言っているらしい。事実かどうか確認したいから，子どもに話を聞きたい」と話がありました。私は，この時，子どもたちが私に対して不満があることは薄々わかっていましたが，それでも軽く考えていました。その後，先輩先生が，聞きとった内容を報告してくれました。報告の内容は，私が思っていた以上のものでショックでした。

　先輩先生から聞いた内容は，「担任の先生は，K 子だけにかかわりが多く，私たちとは同じかかわりをしてくれなかった。だから，その不満をオンラインゲームで通信したときにみんなで悪口を言っていた」とのことでした。私は，公平に接しているつもりでしたが，子どもたちからは，公平ではなかったことに初めて気づきました。

　振り返ると，気にかけなくてはならない子どもがいて，その子どもに目がいってしまい，他の子どもには寄り添った指導ができていませんでした。話をしていれば，それでかかわっているのだと誤解していたのだと思います。子どもの心に気づくことができていなかったのです。

　担任は，何人，何十人と子どもたちを見ます。しかし，子どもたちからすれば，担任は一人しかいません。子どもたちにとって，公平に感じる指導をするには，どうすれば良いのでしょうか。学生時代に学んだことがまだまだ活かしきれていません。

〈出典〉同左，pp.128-139より改編。

 **演習**　あなたはどんな先生になりたいですか？　言葉にしてみましょう。

# 第4章

# 生徒指導体制

## 1 生徒指導の校内組織

　校内組織としては，校務分掌に生徒指導部を置くことが一般的です。生徒指導部は，学校の生徒指導上の諸課題について研究し，指導計画を立て，学校全体の生徒指導体制を整備し，運営します。生徒指導部内の編成は学校によって異なりますが，**図1**のように大きく二つに分かれていることが多いようです。ただしそれ以外にも，特別支援の部門を生活指導や教育相談と併立させて三つに分けている学校もあるなど，学校によって異なります。その一つ，生活指導部門（狭義の生徒指導）は，規律指導や問題行動への対処にウェイトを置いて，活動を行います。必要に応じて，警察や少年サポートセンターのような機関と連携することもあります。また，教育相談部門は，不登校・自傷行為等の心の悩みを抱えた児童生徒の相談にのります。特別支援部門は，支援を要する子どもが学校生活でうまくいかず，生徒指導部が対応したほうが良いことなどを取り扱います。いずれの部門も，必要に応じてスクール・カウンセラー（SC）やスクール・ソーシャルワーカー（SSW），警察，病院等との連携を行います。

　ここで，スクール・カウンセラーとスクール・ソーシャルワーカーの違いにふれておきましょう。**スクール・カウンセラー**は，心理相談に応じる業務を担当し，一般には週8時間，学校に配属されることになっています。一方，**スクール・ソーシャルワーカー**は，子どもの育つ環境を保障するために援助を行っています。スクール・カウンセラーが主に「心理」に着目

して相談に応じるのに対して，スクール・ソーシャルワーカーは主として「環境」に着目して援助を行う点が，その大きな違いです。スクール・ソーシャルワーカーの活用は自治体によってかなり違い，複数校に一人を配置している自治体もあれば，一つの学校に一人を常駐させている自治体もあるなど，必要性や自治体の経済状態等によってさまざまです。

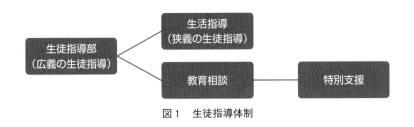

図1　生徒指導体制

# 2 | 生徒指導主事

　教員は刻々と変化する子どもたちを前に，生徒指導上さまざまな困難の中で日々格闘しています。中でも，生徒指導部で中心的な役割を担うのが生徒指導主事です。**生徒指導主事**は，生徒指導計画の立案・実施，直接的な生徒指導，生徒指導に関する内外の連絡調整等を行います。生徒指導主事が，公的な職制として位置付けられたのは，1975 (S50) 年12月の「学校教育法施行規則」改正 (俗称，主任制度化) 以来で，当規則第70条には，生徒指導主事について，以下のように規定されています。

---

### 学校教育法施行規則

**第70条**　中学校には，生徒指導主事を置くものとする。
2　前項の規定にかかわらず，第四項に規定する生徒指導主事の担当する校務を整理する主幹教諭を置くときその他特別の事情のあるときは，生徒指導主事を置かないことができる。
3　生徒指導主事は，指導教諭又は教諭をもつて，これに充てる。
4　生徒指導主事は，校長の監督を受け，生徒指導に関する事項をつかさどり，当該事項について連絡調整及び指導，助言に当たる。

---

生徒指導主事は，中学校・高等学校に置かれるもので，小学校においてはその職制は公にはありません。しかしながら，小学校においても「生徒指導主任」等といった名称で，校務分掌の一つとして置かれているのが一般的です。小学校では，生徒指導上の課題などあまりないように思うかもしれませんが，決してそんなことはありません。生徒指導部がうまく機能していなければ，小学校であっても荒れますし，深刻ないじめが生じることもあります。

　どの学校段階であれ，どこかの学級が荒れてしまうと，周りにいる教師もそこに余計なエネルギーを費やさなくてはならなくなってしまいます。教師の持つエネルギーは無限ではありません。教師集団が疲弊しないように，生徒指導主事を中心に，限られたエネルギーをいかに使うのか，戦略を練る必要があります。


　生徒指導主事（生徒指導主任）には，次のような力が必要です。
■ 管理職・同僚教員から信頼されている。
■ 生徒指導体制を組織し，動かす力がある。
■ 見通しを持ちながら判断する力を持っている。
■ 管理職・同僚教員・子ども・保護者に，理路整然と説明する力がある。
■ 保護者・警察・弁護士（スクールロイヤー）等と連携する力がある。
■ 生徒指導の知識や技について研鑽に努めている。


　生徒指導主事は，まずは子どもをよく観察しなければなりません。どこに反抗や荒れの原因があるのか，あるいはなぜ空気が滞っているのかをよく見ます。観察できたらそこからは戦略を考えます。そして，その考えを生徒指導部内の同僚教員に伝え，戦略を練り上げます。その内容は管理職や全教員にも伝えます。その戦略にどんな意味があって，どのように学校を改善していくのか，理路整然と説明するのです。**生徒指導主事にとって説明力は必須**です。そのためには，新たな知識や技を習得するなど，自ら研鑽を積むことも大事です。

　学校が無秩序になってしまっては，学習に集中できないだけでなく，深

刻ないじめも起きやすくなります。このため，**表3**（p.45参照）の学校の
フェーズを参考に，学校の規律の状態をときどき俯瞰して見ることが大事
です。

　規律と聞くと，子どもを厳しく管理することをイメージするかもしれま
せんが，決してそうではありません。荒れている生徒ばかりに焦点を当て
て厳しい指導をすると，ほかの子どもたちは息苦しくなります。規律を維
持することは決して厳しい指導をすることではありません。

　教師のエネルギーを特定の荒れた子どもばかりに集中することもよくあ
りません。ごく普通の子どもが教員にかまってもらえないことから不満を
持ち，より一層荒れてしまうからです。鍵を握るのは，荒れている子ども
ではなく，あくまでも普通の子どもです。

　実際，十分な生徒指導力を持つ教員ばかりが学校にそろっているわけで
はありません。しかし，現実にはその教員集団でやっていくしかないわけ
です。覚悟を決めて，それぞれの教員の適性を活かせるかどうかが，成功
の秘訣です。

　各学校は年間の生徒指導計画を立て，それにしたがって具体的な取り組
みを進めていきます。計画は学校によってそれぞれに異なりますが，一例
を**表1**に示しました。

# 3 ｜ 対教師暴力，生徒間暴力，対人暴力，器物損壊

　**図2**は，学校の管理下・管理下以外における暴力行為発生件数の推移を
示したものです。文部科学省は，暴力行為（故意に目に見える物理的な力，すなわち
有形力を加える行為）として，対教師暴力，生徒間暴力，対人暴力，器物破損
について毎年調査しています。

　ここで言う**対教師暴力**とは，教師に限らず用務員等の学校職員に対して，
胸ぐらをつかんだ，教師をめがけて椅子を投げつけた，教師に故意に怪我
を負わせた，教育相談員を殴った等のことです。

　**生徒間暴力**とは，何らかの人間関係のある児童生徒同士に限りますが，
例えば同じ中学に通う者同士が些細なことで喧嘩となり一方が怪我をした，

## 表1　A中学校　生徒指導計画

| 生徒指導目標 | ● 他者への思いやりにあふれた生徒を育てる。 |
|---|---|
| 本年度重点課題 | ・学級での心のふれあいを大切にし，学級の仲間づくりに努める。<br>・周りの人が快いと感じる言葉遣いができるよう指導に努める。 |

| 月 | 目　標 | 指導内容 | 研修及び主な活動 |
|---|---|---|---|
| 4 | ● 新しいクラスや新しい環境に慣れる | ・1年間の心構え：学年目標・学級目標の意識づけ<br>・仲間づくり：構成的グループ・エンカウンター（以下SGEと記す）の実施 | ・生徒指導・教育相談方針の確認<br><br>・配慮生徒（事項）の確認 |
| 5 | ● あいさつがしっかりできるようにする | ・基本的な生活習慣の確立<br>・学校生活に関するアンケート（Q-U）の実施（1回目） | ・アンケート結果から事例検証 |
| 6 | ● クラス内での自分の役割を知り，仲間づくりをする | ・心の問題への取り組みとカウンセリングルームの周知<br>・自分や仲間をもっと知る：SGEの実施 | ・教育相談の方法・技術について |
| 7 | ● 1学期のまとめと反省をし，夏休みの計画を立てる | ・1学期の振り返り<br>・夏休みの生活について | ・教育相談の実態について |
| 8 | ● 規則正しい生活をする | ―夏休み― | ・1学期のまとめと評価 |
| 9 | ● 言葉遣いについて考える | ・2学期の心構え<br>・言葉を取り上げたソーシャル・スキル・トレーニングの実施 | ・翌月のキャリア教育について |
| 10 | ● 自分の特徴を知り，生き方を考える | ・将来の生き方を考える：キャリアガイダンス | ・キャリア教育の反省 |
| 11 | ● 人権意識を高める | ・世界には多様な人がいることを知る人権学習<br>・学校生活に関するアンケート（Q-U）の実施（2回目） | ・人権学習の反省<br><br>・アンケート結果をもとに事例検証 |
| 12 | ● 2学期のまとめと反省をし，冬休みの計画を立てる | ・2学期の振り返り<br>・冬休みの生活について | ・2学期のまとめと評価 |
| 1 | ● 新たな年の始まりに当たり，1年間の展望を持つ | ・3学期の心構え | ・不登校生徒に関する検証 |
| 2 | ● 友達のよい面に目を向け認め合う | ・仲間のよさを認める：SGEの実施 | ・友達のよさに気づく学習の反省 |
| 3 | ● 1年間のまとめと反省をし，新しい生活への心構えを持つ | ・1年の振り返り<br>・春休みの生活について | ・1年のまとめと評価 |

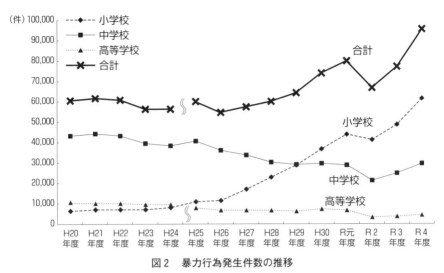

図 2　暴力行為発生件数の推移

〈出典〉文部科学省初等中等教育局児童生徒課「令和 4 年度 児童生徒の問題行動・不登校等生徒指導上の諸課題に関する調査結果について」令和 5 年10月 4 日

表 2　校内暴力事件の推移（平成25年〜令和 4 年）

| 区分 | 年 | 25年 | 26年 | 27年 | 28年 | 29年 | 30年 | R元年 | 2 年 | 3 年 | 4 年 |
|---|---|---|---|---|---|---|---|---|---|---|---|
| 総数 | 事件数（件） | 1,523 | 1,320 | 967 | 832 | 717 | 668 | 618 | 507 | 587 | 593 |
| | 検挙・補導人員（人） | 1,771 | 1,545 | 1,131 | 926 | 786 | 724 | 690 | 549 | 625 | 636 |
| | 被害者数（人） | 1,713 | 1,420 | 1,044 | 918 | 797 | 706 | 653 | 525 | 628 | 628 |
| 小学生 | 事件数（件） | 56 | 57 | 63 | 81 | 103 | 118 | 134 | 106 | 159 | 190 |
| | 補導人員（人） | 70 | 77 | 68 | 88 | 117 | 150 | 160 | 118 | 170 | 203 |
| | 被害者数（人） | 64 | 60 | 68 | 88 | 133 | 124 | 141 | 109 | 164 | 202 |
| 中学生 | 事件数（件） | 1,355 | 1,175 | 832 | 673 | 547 | 450 | 396 | 307 | 342 | 337 |
| | 検挙・補導人員（人） | 1,569 | 1,338 | 967 | 751 | 600 | 464 | 427 | 334 | 353 | 352 |
| | 被害者数（人） | 1,525 | 1,271 | 901 | 749 | 595 | 479 | 423 | 322 | 376 | 358 |
| 高校生 | 事件数（件） | 112 | 88 | 72 | 78 | 67 | 100 | 88 | 94 | 86 | 66 |
| | 検挙人員（人） | 132 | 130 | 96 | 87 | 69 | 110 | 103 | 97 | 102 | 81 |
| | 被害者数（人） | 124 | 89 | 75 | 81 | 69 | 103 | 89 | 94 | 88 | 68 |

〈注〉各欄の被害者数については，小学生，中学生，高校生が加害者となった事件の被害者数をいい，被害者の学職は問わない。教師も含む。

〈出典〉警察庁生活安全局人身安全・少年課『令和 4 年中における少年の補導及び保護の概況』（p.44）

別々の学校に通う生徒同士が身体を突き飛ばした，あるいは高校生が中学生に計画的に暴力を加えた等の場合です。

**対人暴力**とは，対教師暴力や生徒間暴力の対象者を除くもので，偶然通りかかった他校の見知らぬ生徒と口論になり，殴打の末，怪我を負わせた，金品を奪うことを計画し通行人に暴行を加えた，卒業式で来賓を足蹴りにした等の場合です。

**器物損壊**とは，学校の施設や設備に関する損壊で，トイレのドアを故意に損傷させた，補修を要する落書きをした，学校で飼育している動物を故意に傷つけた，学校備品（カーテン・掃除道具等）を故意に壊した等を指します。

表2は，警察が取り扱った校内暴力事件数の推移です。近年は小学生による暴力行為の増加も気になります。

# 4 | 学校のフェーズ（局面）

表3は，筆者のこれまでのフィールドワーク調査から学校の規律の状態を4段階で示したものです。もちろん，学校の状態には家庭や地域の実態に左右される面も多く，学校だけで構築できるものではありません。

**フェーズ0**の局面にある学校は一般に，発達支持的生徒指導が機能している学校で，学校の雰囲気は全般に明るいといえます。子どもは，学校生活の中で自分たちが何を期待されているのかわかっており，動いてよい自由も保障されているため，自発的な形で学校生活にかかわろうとします。

フェーズ0の状態は，完璧なわけでも，問題が起きないということでもありません。子ども同士，寛容さも備えています。そしてもし何か困ったことが生じても，それを自分たちで解決しようとする意欲に満ち溢れ，学校が安心・安全な状態にあるということです。よく観察すると，教師集団によって，子どもが主体となって動きやすい環境設定がなされています。子どもたち自身は気づいていないのですが，子どもたちに自己決定する自由が与えられ，見えないところで教職員が子どもたちを支えています。

**フェーズ1**は学校が落ち着いていて，安心して学習できる環境にあります。ただ，フェーズ0とは違って，子ども主体の学校というよりは，教職

員が前面に出て子どもを従わせている状態です。落ち着いてはいますが，子どもが主体であるとはいえません。

表3　学校のフェーズ

| 規律の<br>フェーズ | 学校の状態 | 子どもの状態 | 教職員の状態 |
|---|---|---|---|
| フェーズ0 | 活気があり，安全で安心できる学校 | ● 授業や諸活動に積極的に目標を持って参加しており，自己効力感に満ちている。<br>● 自分が何を期待されているのかわかっており，自分たちで問題を解決しようとする。<br>● 子ども一人ひとりが意見を表明できる機会が多い。 | ● 管理職を含めて教職員が生徒指導の目的を共有しており，緩い一体感がある。<br>● 教職員が前に出るのではなく，子どもが持っている力を引き出すことを意識している。<br>● 教職員は学校に誇りを持ち，生き生きとしている。 |
| フェーズ1 | 安全で安心できる学校 | ● 授業や諸活動に，自分が期待されていることを行う準備があり，問題なく参加している。<br>● 教師から期待されたことは積極的に行うが，主体的に動いているとまではいえない。 | ● やや形骸化した側面がないこともないが，おおよそ，生徒指導体制についての共通理解がある。<br>● 教職員が子どもの前に出る，子どもは教職員の指導に従うというイメージがやや強い。<br>● 教職員には生徒指導について特に大きな不満はない。 |
| フェーズ2 | 荒れの兆候が見られる学校 | ● 諸活動が教師の指示によっていることが多く，子ども主体になっていない。<br>● 自分への期待が自覚できにくい。<br>● 居眠りや他者をバカにした言動，いじめが表面化してくる。 | ● 管理職および生徒指導部のリーダーシップが弱く，目指す生徒指導の方向が一致していない。<br>● 生徒指導体制は権威で抑えようという意識がやや強い。<br>● 生徒指導体制があまり機能していない。<br>● 教職員は，さほど危機感を感じていない。 |
| フェーズ3 | 荒れている学校 | ● 授業とは関係のない私語が多く，授業は成立しにくい。<br>● 休み時間と授業時間の区別がつき難く，授業が成立しない。<br>● 不満で気持ちがくすぶっている。<br>● 居眠りや他者をバカにした発言が常態化し，日常的にいじめがある。 | ● 管理職を含め，教職員間の生徒指導へ向けた方向性がバラバラで，一体感がない。<br>● 教職員に覇気が無く，疲れている。<br>● 子どもが各々勝手な行動をする中，形骸化したまま授業を行っている。<br>● 教職員の退職や異動の希望者が増え，精神性疾患による休職者が出る。 |

フェーズ2は，一見問題はないように見える局面です。教職員も特に危機感を持っていませんが，学校全体になんとなく締まりがなく，子どもたちから活気が伝わってきません。フェーズ2の段階は教職員が微妙な変化を見過ごしがちで，その後荒れていくかどうかの岐路となる時期です。

　というのは，時間的経過として，フェーズ0の学校が，短期のうちにフェーズ3まで進む事例はまずないからです。しかし，数年のうちにフェーズ0からフェーズ2へ移行する例は，珍しくありません。その移行は短期間に進むわけではなく，知らず知らずのうちに，水面下に潜りながらある程度の時間をかけて悪化していくのが一般的です。

　この時期を筆者は，「潜伏的移行期」と呼んでいます。教職員が気づかないうちに荒れた状態へと移行していく時期のことを指します。そこに共通するのは，意図的であれ無意図的であれ，学校が組織として「潜伏的移行期」を認識できず，検証・修正できなかったことにあります。特にフェーズ2の時期は，意識して見ようとしない限り，その潜伏した異変に気づきにくいのです。

　フェーズ2，3にある学校は，事後的・受動的な指導を強いられているため，対応にエネルギーを要し，教職員に喜びが少ない傾向にあります。その結果，教職員は疲弊しがちで，学校の雰囲気はどんよりと重たいことが多いです。

　さらにフェーズ2，3にある学校は，地域や保護者との関係もよくない傾向にあります。地域や保護者から見放され，学校へのくすぶった気持ちが地域や保護者に充満していると，子どもたちにも伝わり，入学時の段階から学校に対して敵意を持った状態で入学してきます。そうなると，教職員が正当な注意をしても，学校の対応のほうが悪いと決めつける保護者に押され，聞く耳を持ってもらえません。学校は，必然的に荒れるのです。

　学校の意識的な修正努力によって，規律の状態はフェーズ3から1へと，改善されるケースも珍しくありません。このタイプは，管理職や生徒指導主事を中心に，強い意志のもとチームになって，改善のための明確な戦略を持ちながら動くため，その効果は比較的目に見えやすい形で現れます。

　学校をよい状態に保つことで，いじめも起こりにくくなりますし，子ど

もも教師もいろいろな活動に集中できます。ただし，たとえフェーズ0の学校であっても，現状維持のことをやっているだけでは，その状態を保つことはできません。常に子どもたちの状況を分析し，子どもたちが当事者意識を持てる生徒指導を展開していかない限り，マンネリ化して気づかぬうちにフェーズは下がっていきます。

# 5 ┃ チームで行う生徒指導

　荒れから立ち直った学校を検証すると，そこにはチームとして，生徒指導の枠組みを転換した軌跡が見られます。すなわち生徒指導に対する考え方を大きく変えているのです。

　生徒指導は，問題行動を起こす子どものみが対象ではなく，まさに全児童生徒が対象であるため，教員組織が一つのチームになって行わない限り，うまく機能しません。事実，トップリーダーである校長のもと，生徒指導主事を中心に一人ひとりの教員が，日々，子どもたちが生き生きと学校で過ごすことができるよう，チームとして取り組んでいる学校は，フェーズがよい状態にあります。

　そのような学校を訪ねると，職員室はお互いを信頼し合う雰囲気に満ち，教員組織がうまく協働しながら，チームになっている様子がうかがえます。生徒指導は，教員間に絆や信頼があってこそ，初めてうまく機能します。それがはっきりと表れるのは，学校が何らかの危機に立った場合です。チームに信頼感があれば，危機を最小限にしてなんとか乗り越えられます。

　反対に，学校が荒れ，校内での暴力が頻発する場合，生徒指導部を中心とした組織がうまく機能していません。一つのチームになりきれていないのです。チームと言っても，教師が一致団結して怖い顔で子どもたちを厳しく管理しなくてはならないということではありません。その学校に最適の体制を組織し，計画を立て，やると決めた具体的方針をチームとして一貫してやれるかどうかが問われます。

　尾田栄一郎による漫画『ONE PIECE』には，「お前にできねぇことはおれがやる。俺にできねぇことはお前がやれ」「おれは助けてもらわねぇ

と，生きていけねぇ自信がある」というセリフがあります。仲間に助けを求め，個性豊かな仲間と協力しながら，創造的に物事を解決していく姿が鮮やかで，読者の共感を呼びました。

　ここに見るように，チーム学校の核心は，学校が「周りにいる仲間とともに，物事を創造的に解決していくこと (creative solution)」だと筆者は考えています。これからの時代は，SC や SSW との連携を含め，多職種から成る一人ひとりが専門性を発揮しながらチームとして創造的に解決することが大事です。

# 6 ｜ スクールロイヤーの活用

　近年，教育委員会や学校でスクールロイヤーの活躍が増えてきました。スクールロイヤーとは，「子どもにとって最善の利益」を考え，学校や教育委員会の相談にのったり，アドバイスしたりする弁護士のことです。

　多くの自治体では，これまで顧問弁護士が採用されてきましたが，そうした顧問弁護士とスクールロイヤーとは立場や働き方が違います。顧問弁護士は，公立の場合，教育委員会が採用し，教育委員会や学校の利になるように動きます。勤務形態も常勤ではなく，基本的には弁護士事務所にいて必要な時に出勤してもらうスタイルです。スクールロイヤーは，教育委員会が採用し，教育委員会から給与が支払われる点は顧問弁護士と変わりませんが，「子どもにとって最善の利益」を考えて動く点で異なります。

　法の専門家が近くにいることで安心感が増し，冷静さを備えることもできますし，問題が膠着した場合には現場を動かすこともできます。ただ，スクールロイヤーの存在意義は，一般に世の中で期待されている「用心棒」としての弁護士とは少し違います。スクールロイヤーは，被害の先を見越して学校にアドバイスを行ったり，子どもや保護者との間に生じる紛争の拡大防止に尽力したりするなどの役割は担いますが，保護者と学校の間に入って直接仲裁したりするわけではありません。また，通常は個々の教員がスクールロイヤーを個々に活用できるわけでなく，管理職を介しての活用になります。スクールロイヤーの勤務形態や活用のされ方には，**表**

表4　スクールロイヤーの勤務形態

| ①事務所相談型 | スクールロイヤーが教育委員会専属の弁護士として，学校からの相談を弁護士の事務所にて相談に応じる。 |
| --- | --- |
| ②派遣相談型 | ①と同じだが，学校からの相談を弁護士の事務所ではなく，弁護士が学校に赴いて応じる。 |
| ③学校配置型 | スクールロイヤーを特定の学校に配置し，定期的に勤務する。 |
| ④教員兼務型 | スクールロイヤーを特定の学校の教員として雇用し，定期的に勤務する。 |
| ⑤職員兼務型 | スクールロイヤーを教育委員会や学校法人の職員として雇用し，定期的に勤務する。 |

〈出典〉神内聡『学校内弁護士―学校現場のための教育紛争対策ガイドブック 第2版』（2019年．p.22）

4に見るようにいくつかのパターンがあり，自治体によって異なります。
　一例ですが，政令指定都市の神戸市では，⑤の職員兼務型を採用しています。「学校法務専門官」という名称で，常勤2名，非常勤9名の弁護士を採用し，常時2〜3名の弁護士が教育委員会にて勤務しています（2023年11月時点）。神戸市教育委員会にいながらその都度相談を受けたり，必要に応じて現場で話を聞いたり，法的視点からアドバイスをしたり，さらには教員研修等も行っています。

### コラム5　自分を守る備えは自分でしておく

　スクールロイヤーが配置されるようになったとはいえ，学校で生じる問題をすべてスクールロイヤーが解決できるわけではありません。過剰な期待は禁物です。
　本章でふれたスクールロイヤーは，個々の教員の相談にのる仕事をしているわけではないので，教師個人が直接相談するのは難しいと考えておいたほうがよいでしょう。教職員のための賠償責任保険等に自分で入っておくと万一の時の備えになります。保険には月々1,000円程度の少額で入れるのでお勧めです。

**演習**　自分が育った小学校や中学校，高校のフェーズはどうでしたか。振り返ってみましょう。

# 第**5**章

# 教育相談

## 1 教員による教育相談とは

　教員には，学校生活における学習や生活，進路等に関する子どもや保護者の相談が持ち込まれます。これに応じることを教育相談と言います。近年は，教育相談は生徒指導体制の中で，重要な位置を占めるようになってきました。具体的には，学習についていけない，いじめを受けて学校に登校するのが苦痛である，家庭で虐待を受けているなど，幅広い相談が持ち込まれます。子どもが荒れたり，学校に来なくなったりすることは決して悪いことではありません。まずは，子どもが荒れたり，学校に来なくなったりするのは自然なことであるというスタンスで臨みましょう。

　子どもからの相談を受けるにあたっては，カウンセリング・マインドを持って臨みます。**カウンセリング・マインド**とは，ロジャースの来談者中心療法（非指示的療法）に由来するもので，「子どもの気持ちに共感しながら，心を込めて聞く」，その姿勢を言います。教師はカウンセラーではありませんが，こうした共感的に聞く姿勢が，教師にも必要だということです。子どもとふれあうには，普段からカウンセリング・マインドを意識することが不可欠で，まずは子どもが教師に聞いてもらいたいと思うような，相談しやすい雰囲気が教師自身に備わっていることが何よりも大事です。

　**教育相談**は，次頁の図１のように三つの段階でとらえられます。ただし，その段階は子どもの周りにある環境によって変わるため，一つの段階に固定されるわけではありません。

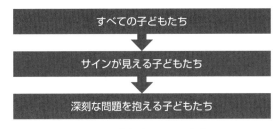

**図1　教育相談の三つの段階**

〈出典〉向後礼子・山本智子『ロールプレイで学ぶ教育相談ワークブック 第2版』（ミネルヴァ書房，2019年，p4）を筆者が改編。

# 2 スクール・カウンセラーによる教育相談

　相談体制を充実させるにあたって，外部の力も活用するようになり，1995（H7）年から**スクール・カウンセラー**（以下，SC）を学校に配置するようになりました。現在では，中学校のほぼすべてに SC が配置されています。相談室の名称は学校によって異なりますが，「心の相談室」というような呼び方で，話しやすい環境を整えた教室が準備され，そこに SC が定期的に待機しています。子どもが自発的に相談室へとやって来ることもありますが，担任や部活動の担当者，養護教諭等が子どもの変化に気づき，相談室へ行くよう促され，教育相談にやってくる場合もあります。SC の支援対象は子どもだけでなく，保護者や教師も相談を受けることができます。

　SC は，臨床心理士や精神科医の非常勤で，中学校を基準に考えると1週間に8時間×年間35週勤務し，年間280時間相談を受け付けています。SC の勤務形態については，文部科学省が弾力的な運用を認めていますので，自治体によっていろいろな形態があります。

　子どもの細かな変化を見逃さず，子どもの相談したい気持ちを引き出すことができるのは，子どもと多くの時間を過ごす担任教師であり，授業を担当する教師であり，部活動を指導する教師です。そうした意味で，子どもにとって教師の存在価値は計り知れません。

　ただ，専門的知識を要する事柄については SC に任せるべきでしょう。そうしなければ子どもの命を救うことができません。SC に任せたあとも，

関係者間で情報を共有しておかなければならないケースもあります。守秘義務を守りつつ，教員間で対応に齟齬が生じないようにしましょう。

## 3 | 教育相談と心理カウンセリングの違い

　学校の教員が行う教育相談と，**スクール・カウンセラー**や医師の行う心理カウンセリングは，少し違います。その違いを**表1**でおさえておきましょう。

　精神科医等の行う心理カウンセリングは，特定の時間に特定の閉じられた場所で行われ日常生活とは切り離されたものですが，教師の行う教育相談は，その相談が学校生活につながっていることがほとんどです。つまり，相談が終わったらそれで終わりではなく，相談された内容を頭に入れつつ，日常の指導に反映させていく点が教育相談の特徴だということになります。

　SC の行うカウンセリングは，その中間に位置しますが，教育活動とは一線が引かれ，時間や場所が限られますし，SC 自身が心理の専門家ですからその点では心理カウンセリングに近くなります。

## 4 | スクール・ソーシャルワーカー

　スクール・カウンセラーに加えて**スクール・ソーシャルワーカー**（以下，SSW）も学校で活用されるようになってきました。SSW とは，教育の現場で子どもと子どもを取り巻く環境に着目し，子どもがよりよく学び，育つ環境を保障するために援助を行うソーシャルワーカーのことです。

　SC は，主に「**心理**」に着目して相談に応じますが，SSW は，主に「**環境**」に着目して援助を行う点が，その大きな違いです。SSW の活動形態には，下記の四つの形態があり（文部科学省, 2015），自治体によって方式が異なっています。

　SSW の活動は，まだ歴史が浅く模索中の部分もあります。市町村教育委員会と学校は，SSW をどのような形で活用するのがよいのか議論し，地域や学校の状況に応じて最適な活用法を見出すことが大事です。

## 〈SSW の四つの活動形態〉

① 派遣方式：SSW を教育委員会に配置し，学校からの要請に応じて派遣する。
② 巡回方式：SSW を教育委員会に配置し，複数校を定期的に巡回する。
③ 単独校配置方式：特定の学校に SSW を配置する。
④ 拠点校配置方式：SSW を拠点校に配置し，近隣校を巡回する。

表1　教員や SC の行う相談や医師の行う治療の比較

|  | 教員の行う教育相談 | SCの行う教育相談 | 医師の行う治療 |
|---|---|---|---|
| 担当者 | 担任教師や養護教諭など学校に勤務する教職員 | 臨床心理士や公認心理師と呼ばれる心を扱う専門家 | 精神科医と呼ばれる心を扱う専門家であり，病気を治す専門家 |
| 場所 | 学校のあらゆる教育活動実践の場（日常的活動） | 主に校内の相談室（日常と非日常的活動の中間） | 病院等の専門機関（非日常的活動） |
| 対象 | すべての子ども | すべての子ども・保護者・教員が対象であるが，基本的には希望する人 | 心の病気を治してほしいと望む患者 |
| 関係性 | 子どもと顔見知りであり，常日頃から関係性が一定程度ある。 | SCあるいは学校の体制によっては，子どもとの関係性が一定程度あるが，勤務日数からして関係性はそれほどない。 | 基本的にカウンセリングに入るまで関係性はなく，患者との間に距離が保たれている。 |
| 目的・方法 | 予約して行う場合もあるが，何かの拍子で行うことも多く，比較的短時間となることが多い。子どもが学校生活に適応するように話を聴き，ともに考えるだけでなく，教員として指導助言を行う。 | 自発的に受ける場合もあるが，担任等に勧められて受ける場合もある。SCは多種多様な価値観を尊重しながら，子どもの自己実現を手伝う。週1回勤務のことが多いので，予約して行うことが多い。必要があれば教員や各機関と連携する。 | 薬の処方が可能で，患者の病的な部分を投薬や指導を含めたさまざまな手段を用いて治療を行う。カウンセリングを受ける場合は，予約をしたうえで，1回50分程度で，時間を区切って行う。通常は複数回通院する。 |
| 期間 | 卒業までの限定された期間行う。 | 卒業までの限定された期間行う。 | 患者が望む限り行う。 |

〈出典〉井上明美「教育相談」片山紀子監修『実践・事例から学ぶ生徒指導』（トール出版，2020年，p.141）および藤本修・関根友実『精神科医の仕事，カウンセラーの仕事──どう違い，どう治すのか？』（平凡社，2016年）を参照し，筆者が作成。

# 5 SC や SSW の力を引き出せるかどうかは学校の姿勢次第

　SC は，心理を学び専門的知識や技術を持った教育相談のプロです。臨床心理士の資格を持つ人や精神科医等が担い，子どもの心の成長を支えますが，教職員や保護者の相談にものります。

　一方，SSW は，子どもを取り巻く環境に働きかけるための専門的知識や技術を持った福祉のプロです。社会福祉士や精神保健福祉士といった国家資格を持っている人が多く，子どもを取り巻く環境を改善したり，関係機関とつなぐことに長けています。

　ところが，SC や SSW の力をうまく引き出せない学校もあります。その場合，SC や SSW の力がないから SC や SSW が力を発揮できないというよりむしろ，SC や SSW の力を引き出せない学校組織の側に力の不足があると考えたほうがよいかもしれません。SC や SSW の力をうまく引き出すことができるかどうかは，SC や SSW 自身ではなく，教職員すなわち学校にかかっているのです。

　学校から必要とされ，求められれば，SC や SSW も自らの力を発揮できるでしょうが，教職員とは異なるスタッフ，あるいは単なる外部スタッフの一人という形でないがしろにされれば，もともと持っている力の半分も発揮できません。人に正当に認められ，頼られなければ，自己有用感が高まらないのは，子どもだけでなく大人も同じです。

　子どもが，挫折したり，人生に迷ったりするのは，ごく当たり前のことです。それを支えることは，教師だけでできるものではなく，SC や SSW だけでもできません。SC や SSW に対して，教職員のほうから素直に「助けてほしい」と伝え，協働する姿勢を自ら示すことが大事です。

# 6 アセスメントとは

　子どもが不登校になったり，問題行動を行ったりする背景には，いくつもの課題が複雑に絡み合っていて，容易に解決しないこともあります。そ

の時に必要なのが，アセスメントです。

　アセスメントとは，図2に見るように，不登校や集団不適応といった状況が，なぜ起きているのかを探るために情報を収集し，その情報を分析したり統合したりして，組織としての方策を見立てることです。

図2　アセスメントの流れ

　アセスメントをするためには，ケース会議を行う必要があります。子どもの問題や課題を複数の目で多角的に見て，担任や学年教員等が子どもや保護者にどのように働きかけるのがよいのか，校内で行う会議がケース会議です。ケース会議には，必要に応じて，SCやSSWにも出席してもらうようにします。ケース会議を進めるにあたっては，冷静な状況分析をしながら，解決策を探る会議となるようにしていくことが大事です。誰かを責めるような会議では，やがて誰もものを言わなくなってしまいます。

　実際には下記のように，（1）集団をアセスメントする場合と（2）個人をアセスメントする場合があります。

## (1) 集団のアセスメント　（例：いじめを行うグループについて）

　集団が荒れている場合，なぜその集団が荒れているのか，集団を解くためのアセスメントを進める必要があります。いじめの問題は急を要しますから，すぐにケース会議を行い，多角的な目でしっかり協議し，アセスメントしていきます。見通しがつくと困難な子どものいる学級を学年全体で指導できる体制に変えるなどして，担任を支援することができます。

・いじめられている子どもの様子はどうか。
・どのようにいじめているのか。
・他の子どももいじめに加わっているのか。
・いじめている子どもたちの行動パターンはどうか。

・ なぜいじめているのか。
・ いじめている子どもたちのグループ内の力関係はどうか。
・ いじめのキーパーソンは誰か。

## (2) 個人のアセスメント （例：暴力行為が目立つ中学生A君について）

　当該の子どもについて，下記①〜③について現状や背景を冷静に把握したり，分析したりして，アセスメントを行っていきます。

---

① 本人に関すること（学力や性格など）
② 家庭環境に関すること（経済状況や子育ての状況など）
③ 学校環境に関すること（友達関係や教員との関係など）

---

・ 欠席や遅刻の状況はどうか
・ 学習態度や学業成績はどうか
・ どんな時に暴力行為を行うのか
・ 前年度（あるいは小学校の時）はどうだったか
・ 担任との関係はどうか
・ 友達との関係はどうか
・ 家庭の子育て環境はどうか
・ きょうだいの様子はどうか

　アセスメントは，集団のアセスメントと一人ひとりの子どものアセスメントとを区別して行わないと，混乱が生じます。集団として荒れる子どもにはそれぞれ個別に抱える問題もあり，それを同時に始めると，集団のアセスメントが進まなくなるからです。集団であれ，個人であれ，アセスメントに沿って対応してもうまくいかないことがあります。
　その時はケース会議を開いて再度アセスメントし，前回とは対応策を変えましょう。一度決めた策でも効果がなければ，あっさりやめて別のやり方を考えます。
　なお，ケース会議を行った際は，会議の記録を必ず残しましょう。特に，

児童生徒への聞き取り調査結果等を含めたいじめの記録は5年間保存しなければならないことになっています（「いじめ重大事態の調査に関するガイドライン」文部科学省，2017）。アンケートについても5年ないしは卒業時までは保存しましょう。

# 7 「児童虐待の防止等に関する法律（児童虐待防止法）」の改正

　2019（H31）年1月，千葉県野田市で小学校4年生の女児が両親の虐待によって死亡しました。女児は死亡する前，「お父さんにぼう力を受けています。夜中に起こされたり，起きているときにけられたり，たたかれたりしています。先生，どうにかできませんか」とアンケート用紙に書き，担任に助けを求めていました。

　児童虐待を受けたと思われる子どもを発見した場合は，「児童虐待防止法」第6条により児童相談所等に通告することが義務づけられているので，学校はきちんと対策をとりましたが，対応した野田市教育委員会は，女児の書いたアンケート用紙のコピーを父親に見せてしまい，虐待を加速させてしまいました。その結果，女児は亡くなってしまったのです。この場合，保護者に伝えるのは御法度です。

　保護者が児童（18歳に満たないもの）に対して行う虐待は，以前から禁止されていました。しかし，「しつけ」を口実にした虐待は途絶えることがなく，上記，野田市の事件をきっかけに，「児童虐待防止法」が改正され，2020（R2）年4月より保護者が「しつけ」と称して子どもに体罰を加えることは禁止されました。違反すれば，保護者は傷害罪・暴行罪等に問われます。

---

**児童虐待の防止等に関する法律**

**第14条**　児童の親権を行う者は，児童のしつけに際して，児童の人格を尊重するとともに，その年齢及び発達の程度に配慮しなければならず，かつ，体罰その他の児童の心身の健全な発達に有害な影響を及ぼす言動をしてはならない。
　2　児童の親権を行う者は，児童虐待に係る暴行罪，傷害罪その他の犯罪について，当該児童の親権を行う者であることを理由として，その責めを免れることはない。

---

## 〈子どもに発話を促す方法〉

　教師は職業柄身につけた癖で，どうしても子どもより教師自身がたくさん話をしてしまいがちです。しかし教育相談では，下記のことを意識して教師が話すのではなく，相談者である子どもや保護者に話をしてもらうようにしましょう。


- アイコンタクトをとる。
- 子どもの話を遮らず聴く。
- うなずきや前傾姿勢，柔和な顔の表情，手の動きといった体全体を使って，聴いていることを示す。
- あいづちを打つ。ex. へえ……／うん。／そう。
- 接続詞を使いながら，さらに話してもらう。
    ex. それで／それから／どうして
- 相手の言った言葉を単語で聴き返す。ex. 放課後？／どこで？
- 相手の言った言葉の文末を繰り返す。
    ex. 帰る途中で文句を言われたのね。
- 良いところは具体的に認め，自信を与える。
    ex. イヤなことをイヤと言えて，えらかったね。
- 勇気を持って話してくれたことを認める。
    ex. よく勇気を出して話しに来てくれたね，ありがとう。

## 〈子どもに発話を促す時の座り位置〉

　図3に子どもと話す時の座り位置を示しました。

　1のように真正面に座るとお互いに目のやり場に困りますし，相手も緊張してしまいます。一般には2の90度の座り位置がお勧めですが，3のように座って双方前方を見ながら時々横顔が見えるくらい（真上から見るとカタカナのハの字型）の座り位置だと話しやすくなるので，さらにお勧めです。

1　真正面に座る　　　2　直角に座る　　　　　　　3　ハの字型に座る

  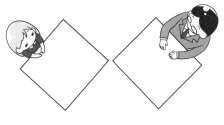

図3　座り位置

コラム6　教育相談へのプロローグ

　多くの子どもは不安に感じていても，そのことをすぐに教師に相談するとは限りません。筆者のところへ相談に来る学生も，最初は本来の悩みとは違うことを相談しにやって来ます。ある男子学生は，教育実習先に提出する指導案がうまく書けないと言ってやって来ました。指導案についてひとしきり尋ねたその学生は，やがて実習先の指導担当教員との関係がうまくいっていないことを話し始めました。

　相談の核心は，指導案が苦手なことではなくて，実は指導教員との関係であって，指導案について尋ねている40分ほどの時間はプロローグだったのです。心の鎖がほどけた学生は，安心感から本音を話し始め，「あぁ，これは，指導案の問題ではなく，対人関係の問題だったのね」と二人で合点したのです。

　相談者は心の負担になっていることを必ずしもダイレクトに相談しに来るわけではありません。なんとなく不安を感じたとき，彼らは別の理由を口実にして，教師の前に現れ，そのことに彼ら自身も気づいていないのです。

・・・・・・・・・・・・・・・・・・・・・・・・・・・・・・・・・・・・・・・・・・・・・・・・・・・・・・・・・・

**演習**　二人ペアで，一人が相談者になり，もう一方が教育相談にあたる教師役になって，悩みの相談を受けるロールプレイをしてみましょう。上記に示した発話を促す方法や座り位置も参考にしながら，実際にやってみましょう。

# 第6章

# 子どもに自立を促す生徒指導の手法

　子どもに自立を促す生徒指導とは，自分でどう生きたらよいか考え，問題を解決し，社会で自立して生きることができるようになることを目的とした指導です。学校生活であれ，社会生活であれ，実際に困難が生じれば，どんなに些細なことであっても子どもは自分自身で考え，最後は自分で判断しなくてはなりません。

　学校という限定された場所の中では，教師の指示を中心とした他律的な生徒指導であっても，もしかしたらうまくいくかもしれません。しかし，教師の手から離れ社会に出れば，子どもは他者との人間関係やその後の進路・就職など多様な問題を自ら解決していかなくてはなりません。このため，子どもの自立を促すことができる生徒指導を目指すことが大事です。

　自立を促す生徒指導は，授業や日常的な学校生活の中で育んでいきます。運動会や文化祭といったさまざまな学校行事のほか部活動などを通しても行うことができます。ここでは，自立を促す具体的な方法として，コーチングや構成的グループ・エンカウンター，ソーシャル・スキル，アンガー・マネジメント，アサーション・トレーニングを取りあげてみます。子どもたちの状態を見極めながら上手に活用してみましょう。

# 1 ┃ コーチング

## (1) コーチングとは

　コーチングとは，子どもに問いかけ，それに対して子どもが自ら考え，

解を見出していく，解決志向的なアプローチのことです。実は，子どもに問いかけをし，子どもに考えることをさせていけば，子どもは自ら変わります。決して教師の思い通りに変わるわけではありません。子どもが自分で考え，自ら気づいて解を見つけ，解決していくので，自ずと変わっていけるのです。コーチングを活用し，落ち着いた態度でじっくりと話を聞き，子どもが納得したり解決したりするそのプロセスを手助けしていけば，子どもは自立していきます。

　コーチングは，生徒指導の有効な手段の一つですが，授業にも活用すると，子ども主体の授業に大きく変わります。

## (2) コーチングの流れ

　コーチングの簡単な流れは次の通りです。**図1**に示すように，現状と望ましい未来との間にあるギャップを埋めていきます。

---

① 現状を聞く
② 目標を聞く
③ 目標と現状とのギャップを明確にする
④ 現状で行動できる選択肢を複数回答で聞く
⑤ 優先順位をつけ行動に移す
⑥ 次回のコーチングで進捗を確認する

---

　コーチングでは，以下のことを基本のスタンスとします。

① その人に必要な答えと，それを解決するための能力は，すでにその人に備わっている。
② どんな状況にも，解決の芽はすでにある。
③ それを引き出すためのコミュニケーションスタイルは「問いかけ」である。

　子ども自身が自分のできることの中から，自分で選び，行動することが

望ましい
将来像

←ギャップを埋める

現状

図1　コーチングの構造（流れ）

大切です。「問題」だととらえているものの中に，実は解決に役立つ「芽」
があるということ，そして，それを見出す視点を持つことが解決への近道
になります。

　教師は，職業病ともいえますが，どうしても無意識のうちに子どもに過
剰なアドバイスをしてしまいがちです。そのアドバイスは，教師から見て
有効だと思えたとしても，子どもが望まないものであれば，意味をなすこ
とはありません。子どもが欲しないところには，解決の芽などありません。

　コーチングを行う際のコーチは教師ということになりますが，その主体
は教師ではなく，あくまでもクライアントである子どもです。

## (3) コーチング・スキル

　コーチングのスキルはたくさんありますが，ここでは代表的な三つを取
り上げます。

■　傾聴する
■　承認する
■　質問する

　コーチングしている間，教師（コーチ）に求められるのは「傾聴」と「承
認」です。傾聴とは，耳を傾けて子ども（クライアント）の話を聴くことです。

話を途中で遮らず，子どもを理解しようと，じっくりと聴くのがポイント
です。子どもが求めてもいないのに自分の意見を言ったり，子どもを評価
したりしません。すぐにアドバイスをしてしまいたくなる職業病を身につ
けてしまった教師にとっては，意外と難しいことです。

　承認とは，たとえそれが小さな進歩であったとしても，目の前にある具
体的な事実を承認することです。結果がうまくいった場合に認める「結果
承認」ではなく，できているところを認める「事実承認」がポイントです。

　つい私たちは「結果承認」をしてしまいがちですが，コーチングでは
「事実承認」を重要視します。また承認は，ほめることと混同されがちで
すが，ほめることとは少し異なります。ほめることに力を入れ過ぎると，
次から次にほめ続けなくてはならなくなりますし，ほめられないと動かな
い子どもを育ててしまいます。子どもをコントロールしてしまうことにも
なりかねません。

　質問するというのは，単に尋ねることではなく，子どもが奥深いところ
で持っている「解」を引き出すために問いかけることを言います。教師の
興味のあることを質問するのではなく，子どもが発する言葉をよく聞き，
子どもが発した言葉を拾って尋ねていきます。

　例えば，「部活動がなんだか面倒くさい」と言う子どもには，「面倒くさ
いってどういうこと？」といった具合に，子どもの言葉を拾って質問して
みてください。そうすると，「部活に行くこと自体が面倒くさい」のか，
「競技の記録が伸び悩んでいて面倒くさいと思っている」のか，「部活の人
間関係に悩んでいて面倒くさい」のか，子ども自身にとってもあやふやな
ことが，次第にはっきりしてきます。教師が傾聴し，承認し，さらに質問
することを通して，子どもは曖昧なことを次第に明確にしていくのです。
自覚なく奥深いところで持っている自分なりの「解」というものは，誰し
も自分では気づきにくいものです。

　教師の連れて行きたい方向に引っ張って行くのではなく，子ども自身が
行きたいと望む方向に歩いて行くのを手伝うイメージです。人は，しなけ
ればいけないとわかっていても，誰かから命令されれば，やりたくないで
すし，受け入れ難く感じます。命令してそれで子どもの問題が解決するの

であれば，それはそれでよいのかもしれませんが，子どもの自立にはつながらないように思います。その時は，命令に従えば済んだとしても，どこかでまたつまずき，誰かに指示してもらわないといけなくなります。つまり，自立できないのです。

　集団指導が多い学校では，授業の中でも傾聴する，承認する，質問するを実践してみましょう。きっと授業が変わるはずです。

　コーチングについてさらに学んでみたい方は，拙著『知ってるつもりのコーチング』（学事出版）を参照してください。

# 2 ｜ 構成的グループ・エンカウンター

　構成的グループ・エンカウンター（Structured Group Encounter：SGE 以下 SGE）の源流はアメリカにあります。わが国の学校で普及している SGE は，それを今日の形にまで展開させた國分（國分，1981）に依るものが大きいと思われます。

　SGE のプロセスは，まずリーダーがデモンストレーション（実演）を含むインストラクション（指示）をし，続いて与えられた課題であるエクササイズ（活動）を行い，最後にエクササイズを終えて感じたことをお互いに伝えあうシェアリング（意見交流）の時間を持つという三つの構成から成ります。

---

**構成的グループ・エンカウンターの大まかな流れ**

① インストラクション（デモンストレーションも含む）
② エクササイズ
③ シェアリング

---

　小グループで行う活動が多いため，子どもに大きな緊張を強いることも少ないでしょう。また，集団での指導をする機会の多い教育現場では，エクササイズで自然な形で子ども同士の人間関係を築けるため，広く用いられています。そもそもエンカウンターとは，「出会う」という意味であり，他者と出会うことによって，自分自身の知らない部分にも出会うことをね

らっています。SGE によって自己理解を深め，ジョハリの窓でいう「開放の窓」を大きくする結果，他者とのコミュニケーションがより一層滑らかになります。

　さて，SGE のエクササイズは，**表1**に示すようにふれあいと自他発見を目的としたスペシフィック・エクササイズと参加者の行動変容を目的としたジェネリック・エクササイズとがあります。SGE によって，問題行動や非行がすぐに解決できるというわけでは決してありませんが，子どもが自分自身のことを理解し，その後の自立へ向けた開発的手法として期待が持たれています。

　学活や特別活動等の時間を用いて，SGE の年間計画を立て計画的・継続的に学級で実施していくことで，仲間づくりに功を奏します。ただし，SGE はどの子にも，あるいはどの学級にも万能というものではありません。例えば，荒れている教室でいきなり「いいとこ探しをしましょう」と言っても，子どもたちはしらけた雰囲気の中，反対にあら捜しをし始め，お互いに傷つけ合い，さらに荒れてしまいます。

　そうなれば，学校に行けなくなる子どもが出てきたりもします。学級の

表1　エクササイズの例

| スペシフィック・エクササイズ | ジェネリック・エクササイズ |
|---|---|
| ふれあいと自他発見を目的としている。リーダーやスタッフにとっては，比較的使用しやすい。 | 参加者の行動変容を目的としている。リーダーやスタッフには，カウンセリングの素養がきわめて重要である。 |
| 例<br>・アウチでよろしく<br>・いいとこ探し<br>・じゃんけん手の甲たたき<br>・肩もみエンカウンター<br>・他己紹介<br>・なんでもバスケット<br>・サイコロトーキング<br>・君をほめるよ<br>・いいとこ四面鏡 | 例<br>・マッサージ<br>・将来願望<br>・印象を語る<br>・トラストウォーク<br>・私に影響を与えた人<br>・みじめな体験<br>・私のお願いを聞いて<br>・墓碑銘<br>・私はあなたが好きです　なぜならば |

〈出典〉國分康孝ほか『構成的グループエンカウンター事典』（図書文化社，2004年）をもとに筆者が作成。

状態を見極めながら用いないと逆効果です。SGE の他にも生徒指導で用いることができる手法をいくつか学び，その中から学級や学校の実態に即した手法を，目的を明確にしながら用いるのがよいでしょう。

# 3 ソーシャル・スキル

## (1) ソーシャル・スキルとは

　ソーシャル・スキル (social skill) とは，対人関係を営む技術のことです。あいさつの仕方や話の聞き方，問題処理の仕方といった向社会性の方法のことを言います。

　このスキルが不足していると，社会生活を営むうえでストレスを感じ，結果として不利な立場に陥ってしまいます。反対に人との付き合い方がうまいと多くの人と交流でき，主体的に生きることを容易にしてくれます。

　携帯電話やパソコンのようなデジタル機器の使用が日常的なものになり，生活の中で直接人とかかわる機会が減ったため，誰もがソーシャル・スキルを学ぶ機会に恵まれなくなっています。

　あいさつの仕方や話の聞き方，問題処理の仕方といった向社会性のソーシャル・スキルの習得を目指し，プログラムとして実践することをソーシャル・スキル・トレーニング (Social Skill Training : SST) と言います。ソーシャル・スキルは，学校や学級集団の中で，良好な人間関係を目指して

---

### ソーシャル・スキル・トレーニングの大まかな流れ

① **導入**：緊張を緩和する取り組み。簡単なゲームなど。
② **インストラクション**：トレーニングの説明。
③ **モデリング**：教師や代表の子どもがモデルを示す。
④ **練習**：モデリングで示した適切な行動を練習する。
⑤ **話し合い（シェアリング）**：練習を振り返ってよい点を認めあったり，不適切な行動を修正したりする。
⑥ **カードやワークシートへの記入**：書くことによってまとめ，確認し，次への行動につながるようにする。

---

ソーシャル・スキルを習得できるよう計画・実施していきます。実際に繰り返し学習することを通してこそ身につくものです。

　例えば，他者とかかわることが苦手な子どもは，どうやって人の輪に入っていくのかがわかりません。そこで，上手に人の中に自然と入っていくソーシャル・スキルを学べば，友達の輪に入りやすくなるだけでなく，友人とのかかわりをどうやって築いていけばよいのかについても知ることができます。その他，遊びへの誘い方，謝り方，食事のマナー，提出物の出し方，時間の使い方，授業中の発言の仕方，友達のほめ方など，多くのプログラムがあります。

## (2) 教師にも必要なソーシャル・スキル

　一般には子どもにソーシャル・スキルが育っていないことが問題視されることが多いのですが，教師もソーシャル・スキルを意識することが大事です。教師にソーシャル・スキルが欠けると，子どもとの関係が築けず，授業崩壊や学級崩壊につながるからです。

　なんとなく授業がうまくいかないとすれば，その原因は子どもにあるのではなく，もしかしたら教師自身にあるのかもしれません。教師が子どもと関係が築けず，淡々と能面のような顔をして，授業を進めたとして，誰がその話を聞きたいと思うでしょうか。授業に惹きつけられることがあるでしょうか。

　教師のソーシャル・スキルについては，言語的なソーシャル・スキルと非言語的なソーシャル・スキルの二つの観点から考えるとよいでしょう。言語的ソーシャル・スキルとは，質問を教室内の児童生徒に投げかけたり，年齢や目の前の集団に合った語彙を使って説明したり，わかりやすい例を使って示すことができるなどのスキルです。

　子どもの気持ちを考えない説明や指示をしていると，しつこい言い回しになることもあります。話がくどく，長すぎて何が言いたいのかよくわからない説明や指示は子どもの耳に入りませんし，心にも届きません。

　また，子どもの発達段階や理解の程度を考慮せず，難しい言葉を何の配慮もなく使ってしまう教師もいます。それを聞かされる子どもはイライラ

してしまいますが，それに気づかない教師からは態度が悪いと叱られてしまうことになります。根本的な原因は，教師の側にあるにもかかわらず，理不尽にも子どもに責任が転嫁されてしまうのです。こうしていつも心が満たされず，苛立った状態にさせられた子どもたちが，授業崩壊や学級崩壊を起こしたとしても何ら不思議ではありません。

　一方，非言語的ソーシャル・スキルとは，質問を投げかける時にニッコリしながら微笑んで，答えやすい雰囲気をつくったり，集中していない児童生徒の席に近づいて集中力を回復させたりするなどのスキルで，言語的ソーシャル・スキルと同様に教師に不可欠なスキルです。

　非言語的ソーシャル・スキルのうち，教師の顔の表情，特に笑顔は大事です。中でも強調したいのは，教師の笑い声です。教師の笑い声が教室に響くことで，教室の空気をぐっと緩め，軽やかにすることができます。それは，無意識のうちに子どもに自己開示してよいことを促し，自然と学習に誘う力を持っています。

　同時に，教師には静かな時間を敢えて作り出す非言語的ソーシャル・スキルも必要です。教室に教師が凛として立つことで，場を引き締めることのできるスキルです。非言語的ソーシャル・スキルは，教師が思っている以上に子どもの気持ちに影響を与えます。自分のソーシャル・スキルが子どもにどう作用するかを意識しないと，子どもの前に立つのは，もはや難しい時代です。

# 4 ┃ アサーション

　アサーション（assertion）とは，自分も相手も大事にした自己表現のことです。自分の気持ちや考え，信念などが正直に，率直に，その場にふさわしい方法で表現されることが望ましく，葛藤が起こった時は，面倒がらずに互いの意見を出し合って，譲ったり，譲られたりしながら，双方にとって納得のいく結論を出すことが期待されます。歩み寄りの精神です。

　日々生活する中で，自分が自分らしく生きるためには，自分の気持ちや考えを上手に主張する必要があります。例えば，いじめられそうになった

時は，「いやだ」という気持ちを強く，しかも上手に言葉と表情でもって表現しなくてはなりません。実際，いじめが深刻になる場合，「いやだ」となかなか言えずに，一層いじめられてしまうケースも少なくありません。

　下記に，アサーション・トレーニングの一例を示していますが，特別に時間を取らなくても，授業の中で教えることは十分可能です。例えば，ある子どもが友達に対してバカにしたり，気分を損なうようなマイナス発言をしたりしたとしたら，その時が教えるチャンスです。

　周りを不快にするなどマイナス発言をする子どもは，表現の仕方を教えてもらう機会に恵まれなかっただけで，不敬な表現しか知らないのですから，さわやかな表現の仕方を具体的に示してあげれば，子どもも気づくことができます。一度教えたくらいでは難しいです。しかし，繰り返し示すことで，そのうち好ましい表現の仕方がわかるようになってきます。

　また，学級の中には，さわやかに発言することができる子どももいるので，そんな発言が聞こえたところで，「〇〇さんの話し方，いいね！ とっても気持ちが伝わったよ」といった風に取り上げるのもよいです。どういう表現の仕方がよいのかを具体的に示すことで，子どもは上手な表現の仕方を学びます。他者をリスペクトしながら行う発言とはどのようなものかがわかり，少しずつできるようになると，子どもに自信が出てきます。

---

**アサーション・トレーニングの一例**

D（Describe）：描写する
　ゲームのやり方がグループでまちまちで，けんかが起こっていますね。
E（Express）：表現する・説明する・共感する
　これだと楽しく時間を過ごせませんよね。
S（Specify）：特定の提案をする
　みんなが楽しめるように改めてルールを決めませんか？ そうすれば，もっと有意義に楽しめるし，次回にもまたこうした催しを企画することができます。
C（Choose）：選択する
　ルールを決めるのが難しいようであれば，私の提案する遊びを全体でしてみませんか？

---

　必ずしも上記の順番で話をする必要はありません。相手にわかりやすく受け入れやすい順番で話を進め，自己表現をうまく図るトレーニングを積

み重ねる中で、「心地よく主張を受け入れてもらうとはこういうことか」と本人が合点します。こうした自己表現の仕方を学ぶことも、子どもの自立につながり、子どもはたくましく生きていくことができます。

# 5 アンガー・マネジメント

　アンガー・マネジメント（anger management）とは、直訳すれば怒りの取り扱いということになります。アンガー・マネジメント・プログラムは、怒りの感情をコントロールし、自分のとる行動を変え、他者とよりよいコミュニケーションをとることを目的としたプログラムです。

　そもそもこのプログラムはアメリカから入ってきたもので、最初にビジネスの世界で光が当たったものです。ビジネスの世界では、怒りの感情をコントロールできなければ、顧客を失うことになり、成功できないからです。その後、学校で問題行動を起こし、学内停学等の懲戒に処された生徒に対してこのプログラムを実施するなど、学校でも用いられるようになりました。

　怒りの感情というものは誰にもありますが、それをそのまま表現しても対人関係もスムーズにいかないでしょうし、そればかりか人生もうまくいきません。考えてみれば、幼児期からの日常生活そのものが、他者とぶつかったり、他者から叱られたりする経験をせずに成り立つ生活のため、子どもたちは不快なことをうまく処理する体験を積んでいないのも事実です。

　そうした背景から、アンガー・マネジメント・プログラムを授業の一環として採用する学校も出てきました。プログラムは多様で、例えば「認識を変える方法」として、むかつく、うざい、きもい、という表現を他の言葉に置き換えるようにしていく手法もその一つです。感情のコントロールができるよう、言葉を広げ、感情を言語化させるのです。

　また、コア・ビリーフ（頑固にその人にしみついた価値観）を転換させるよう取り組むこともします。人は何事に対してもその人なりにこうあるべきだと一般に考えていますが、その人のコア・ビリーフがどの程度強いかによって、その後の対応に影響するからです。つまり、その考えが強すぎてその

価値観に合わなければ，より一層ムカッとしたり，イラッとしたりしてしまいますが，反対の立場に立ってみれば，相手の気持ちに気づくということもよくあります。AさんとBさんの会話を聞いてみましょう。

Aさん「今度の試験難しそうだなぁ」
Bさん「そうだね。私，いつも大事なところからずれてしまって，どうでもいいところばかり勉強してしまうんだよね」
Aさん「そうなんだぁ。でも，大事なところからずれるってことは，重要なことが何なのかわかってないっていうことだから，結局よく理解してないんじゃないかな……」
Bさん「そんなこと言うけど，あなただっていつもあんまり点数良くないじゃない（怒）」
Aさん「……」

　Aさんには，悪気はなく，自分も出来がよくないので自分自身にも言い聞かせるつもりで口に出しただけです。Aさんからすれば，Bさんの言ったことは自分自身にも思い当たることで，建設的にアドバイスしたつもりだったのです。しかし，Bさんは「あなたは頭が悪い」と非難されてしまった気持ちになり，思わず「Aさんだって点がよくないじゃない！！」と，激怒しながら言ってしまったのです。Bさんには，自分の弱い部分を敢えてさらけ出したのだから，そんな時は優しくフォローしてもらえるというコア・ビリーフがあったのですが，それとは異なる展開となり，怒りが生じてしまったというわけです。
　ここで重要なのは，コア・ビリーフを修正していけるように自分の考え方を変えていくことです。例えば，「そうか，そんな考えもあるんだ。教えてもらって助かった」という風に，置かれた状況の中で見方を変えること（リフレーミング）ができるかどうかがポイントです。
　また，自分のトリガーについても理解しておいたほうがよいでしょう。トリガー（trigger）とは，引き金の意味で，怒りのきっかけのことです。トリガーは人それぞれで，過去の思い出したくない体験だったり，自分の根

深いコンプレックスだったりとさまざまです。

　例えば，自分の育った家庭が貧しかったことをいつまでもコンプレックスに思いながら生きている人が，あるいは自分が目指していた学歴に達しなかったことをいつまでも不満に思いながら生きている人が，何かの拍子に育った家庭や学歴が話題に上ると，怒りが急に爆発することがあります。それが，その人にとってのトリガーです。自分にとって何がトリガーなのか，一度考えてみるとよいでしょう。

　子どもだけでなく教師にもアンガー・マネジメントは必要です。子どもにちょっと反抗的な態度をとられて，「言うことが聞けないなら出ていけ」と怒鳴ったり，カッとして体罰に駆られたりするのも，怒りのコントロールができなかったことが原因です。そもそも子どもは，腹の立つことを教師に平気で言ってきます。彼らは発達の途中を生きていますし，ソーシャル・スキルを含め，さまざまなことを学んでいる最中なのですから，教師が子どもの言動にいちいち短絡的に反応し，感情のおもむくまま子どもの前で怒りを爆発させていては，とてもプロとは言えません。

　具体的に行動を変える方法，すなわち怒りを回避する方法としては，次のようなものがあります。できそうなものを取り入れるとよいでしょう。

　ただし，一番大事なのはやはり人や物事に対する自分の考え方です。なぜ自分はイラッとしてしまったのか，静かに振り返ったり，言語化することを繰り返していけば，自分の考え方というものは少しずつ変わっていきます。相手（子ども）の考え方が変わるのではなく，自分の考え方が変わる

---

### 怒りを回避する方法

- 運動（筋肉の弛緩）や呼吸
- タイムアウト（時間をおく鎮静化）
- ディレイ・テクニック（カウントダウンや深呼吸をして反応を遅らせる）
- コーピング・マントラ（セルフトークとも言う。「大丈夫」など，自分を落ち着かせる好きな言葉を心の中で言う）
- ストップ・シンキング（思考を停止する）
- リフレーミング（物事を別の方向から，肯定的にとらえる）
- ステージの転換（場面を変える）
- グラウンディング（目の前の筆箱に集中して，色や形について自問自答し，思考をくぎ付けにする）

ということです。変わるヒントは，自分が無意識に当たり前だと考えていることの中にあります。うまくいくとは限りませんが，「そのうち何か変化が生じたらラッキー」という緩いスタンスで取り組んでみてください。

---

### コラム7　ソーシャル・スキル・トレーニングに取り組んでみたら

　筆者のところに珍しい依頼が舞い込みました。ある校長先生が，小学校6年生の子どもたちに授業をしてほしいと言うのです。ある学級がとても荒れているので，何か変わるきっかけがほしいという期待からです。

　あれこれ考え，ソーシャル・スキル・トレーニングを行うことにしました。いろいろ考えて，人の気持ちを温かくする言葉と悲しくする言葉を扱う「ふわふわ言葉とチクチク言葉」の授業をやることにしました。というのも，教室にはあまりにも殺伐とした言葉が飛び交っていて，「なんとかしなければ……」と思ったからです。

　その後，担任の先生に話を聞くと，チクチク言葉を最も多用していた男児が，そうした言葉を使わなくなったということを教えてくれました。どうやら，その子は筆者の授業で，自分の発していた言葉が人を傷つけていたということに初めて気がついたようです。自分の使っていた言葉が人を不快にしていたことをそれまで知らなかったのです。「知らなかっただけ」ということなら，「知らないことは教えてあげたらよい」と，その男児から学びました。

---

**演習**　自分にとって何が怒りのトリガーなのか考えてみましょう。

# 第7章

# 生徒懲戒と体罰，出席停止

## 1 | 生徒懲戒

　生徒懲戒とは，学校で教育目的を達成するために児童生徒に対して課す制裁のことです。①法的効果を伴わない事実行為としての制裁と②校長が行う退学・停学・訓告等の法的制裁とがあります。①は，放課後教室に残す，授業中教室で起立させる，学習課題や清掃課題を課す，当番を多く割り当てる，叱って席につかせる等が相当します。②は，高等学校での「学校教育法施行規則」第26条等による停学・退学がこれに相当します。停学・退学は，公立の小・中学校では許されておらず，私立の小・中学校は退学の制度のみを有しています。退学・停学・訓告をまとめると，**表1**のようになります。停学は，処分の期間中，教育を受けることができなくなるため，国立・公立・私立を問わず義務教育段階では行うことができません。訓告とは，懲戒処分としての訓告であることを明示して行ったものを言い，事実上の懲戒として行われる単なる叱責等はこれには含まれません。

表1　小・中学校の退学・停学・訓告

|  | 退学 | 停学 | 訓告 |
|---|---|---|---|
| 国立の小・中学校 | ○ | × | ○ |
| 公立の小・中学校 | × | × | ○ |
| 私立の小・中学校 | ○ | × | ○ |

〈注〉○は制裁が可能なことを，×は制裁が不可能なことを表している。なお，高等学校は義務教育でないため，退学・停学・訓告処分のすべて可能。

---

**学校教育法施行規則**（下線は筆者による）

**第26条**　校長及び教員が児童等に懲戒を加えるに当つては，<u>児童等の心身の発達に応ずる等教育上必要な配慮</u>をしなければならない。
　2　懲戒のうち，退学，停学及び訓告の処分は，校長（大学にあつては，学長の委任を受けた学部長を含む。）が行う。
　3　前項の退学は，市町村立の小学校，中学校（学校教育法第71条の規定により高等学校における教育と一貫した教育を施すもの（以下「併設型中学校」という。）を除く。）若しくは義務教育学校又は公立の特別支援学校に在学する学齢児童又は学齢生徒を除き，次の各号のいずれかに該当する児童等に対して行うことができる。
　一　性行不良で改善の見込がないと認められる者
　二　学力劣等で成業の見込がないと認められる者
　三　正当の理由がなくて出席常でない者
　四　学校の秩序を乱し，その他学生又は生徒としての本分に反した者

---

# 2 体罰

## （1）体罰の禁止

　体罰は，「学校教育法」第11条によって禁じられています。

---

**学校教育法**

**第11条**　校長及び教員は，教育上必要があると認めるときは，文部科学大臣の定めるところにより，児童，生徒及び学生に懲戒を加えることができる。ただし，体罰を加えることはできない。

---

　では，体罰とはどういったものを指すのでしょうか。文部科学省「体罰の禁止及び児童生徒理解に基づく指導の徹底について（通知，2013）」によれば，次の通りです。

---

懲戒の内容が身体的性質のもの，すなわち，身体に対する侵害を内容とするもの（殴る，蹴る等），児童生徒に肉体的苦痛を与えるようなもの（正座・直立等特定の姿勢を長時間にわたって保持させる等）に当たると判断される場合

---

体罰は禁じられているものの，生徒指導を行う中で，体罰に駆られてしまう事案があとを絶ちません。確かに，体罰にはすぐに効き目が表れる「即時効果」や周囲の者に対する「見せしめの効果」など，集団の規律を維持する必要のある教師にとって魅力的に見える部分もありますが，教師の感情が高ぶった状態で，体罰を用いて子どもに訴えても，内面に訴えることは難しいですし，子どもはその場しのぎで教師に従うだけで，深く自分の行動を振り返ることはできません。

　体罰という暴力を子どもにモデルとして示してしまうことにもなりかねませんし，何よりも自死を含めて死亡や怪我のリスクが高く，学校が第一に保障しなければならないはずの子どもの安心・安全が保てません。「学校教育法」第11条そのものは長い間変わっていませんが，後述するように体罰への視線は年々厳しくなっています。

　さて，意外かもしれませんが，学校における教師の体罰については，1879（M12）年の「教育令」以来，およそ140年以上の間，一貫して禁じられてきました。

---

**教育令**

**第46条**　凡学校二於テハ生徒二体罰（殴チ或ハ縛スルノ類）ヲ加フ可カラス

---

　ただ，法で禁じられながらも，学校において教師が児童生徒を殴打する風景は，ごく軽いものも含めると日常的に見られたのも事実です。その歴史的背景や事情を少し考えてみましょう。

　そもそも体罰禁止条項は，アメリカのニュージャージー州からの移植であると言われ（寺崎, 1992），わが国で議論を重ねた末に採用された法というわけではありません。ニュージャージー州の規定は，次の通りです。

---

## New Jersey School Act

§81 And be it enacted, That no teacher shall be permitted to inflict corporal punishment upon any child in any school.

---

　上記のニュージャージー州の当条項を当時の文部大輔・田中不二麿等が持ち帰り，翻訳したものが「米国学校法」巻4第81節です。先に示した教育令のルーツは，ここにあることになります。

> **米国学校法**
>
> **巻4第81節（1878年）**　何レノ教師タリトモ本州ノ学校ニ於テ児童ニ身体ノ懲罰ヲ加フ可カラス

## (2) 戦前の体罰事情

　世の中全体に義務教育機関への就学率ですら低く，高等教育機関への進学もまだ一部の者しかかなわなかった戦前においては，保護者を含め一般民衆はこの条項など知らなかったというのが実際のところでした。

　1910 (M43) 年，『教育時論』に寄せた衆議院議員・荒川五郎の論文「殴打は必しも体罰にあらず」を見ると，「教誨（きょうかい）の手，有りがたき熱心の手は，躊躇せる我等の子弟に加へられて，以てよく人らしく育てあげ給はるやう切望に堪へず，此れを以て決して体罰なりと思はざるなり」と，体罰肯定者による体罰の再解釈が展開されています。また，保護者がわが子の振る舞いが適切でないとき，教師に体罰をしてくれるよう懇願する風景も日常的に見られました。

　その後，体罰は戦争の激化とともになお一層肯定され許容されていくこととなります。特に，1942 (S17) 年頃から終戦の時代にかけては，師範学校の寮内における規律は軍国主義一色となり，制裁が狂暴になり，さまざまに工夫された体罰が恒常的に寮内で行われるなど，兵営的形態をとったことは，当時の師範学校寮生の記録からもうかがえます（唐澤，1955）。

　戦前においては，体罰は名目が「練成」であれ，「鍛錬」であれ，何であれ，日常的に用いられていましたし，師範学校卒業生が卒業後，学校において軍人らしくふるまい，体罰を用いることは，国家からのプレゼント（兵役の軽減等，いくつかの恩恵）に報いる至極当たり前の行為だったのです。

　つまり，軍国主義が前面に出た戦時下においては，力の行使そのものが

是とされましたし，国内に残って教育に携わる教師が体罰を使用し子ども
たちを厳しく躾けることは，戦地で身を削って戦う者たちへのせめてもの
職責でもあったのです。戦時下という特殊な状況下においては，教師はそ
の責務として体罰を肯定的にとらえ，行使せざるを得なかったということ
になります。

　また，体罰を含め学校内で起こったことを保護者が裁判沙汰にすること
も，殊に戦時下における特殊な状況の中では，学校という機関が公あるい
は国家と見なされたため，国家に対する反乱といった類の枠組みの中で受
け止められ，かないませんでした (草場, 1942)。

　やがて終戦を迎え，1947 (S22) 年,「教育基本法」や「学校教育法」が
公布・施行され，新しい時代になりました。しかし，体罰は一掃されるこ
ともなく，地域にもよりますが，マスコミで非難されるようになる1980年
頃までは，軽い体罰も含めれば日常的に教室で用いられていたと言ってよ
いでしょう (片山, 2008)。しかし，後述する高校の部活動で行われた体罰に
よって生徒が自死した事件 (2012) を機に，体罰に向けられる世の中の視線
は非常に厳しくなりました。

## (3) 体罰をめぐる四つの事例

### ① 教師が逮捕・起訴されたケース

　1995 (H7) 年 7 月17日，福岡県飯塚市の私立高校で，商業科担当の教諭
(当時50歳) は，自分が担当する簿記の追試を行う際，合格して受験する必要
のない生徒数名が教室に残っていたため，その生徒たちに教室の外に出る
ように指示しました。

　その際，教諭は教室に残っていた 2 年生のAさんに「スカートの丈が短
い。直せ」と言いながらつかみかかりました。教諭につかみかかられたA
さんは「先生がつかんでいるから，丈を直せない」と言ったそうです。

　Aさんの態度を「反抗的」であると受け取って腹を立てた教諭は，Aさ
んを数発殴りつけ，コンクリートの壁に押しつけました。Aさんは意識不
明に陥り，翌18日に死亡しました。その後，教諭は逮捕・起訴されました。
また，1995年 8 月 8 日付で，その職を懲戒解雇されています。

　教諭には，1995年12月25日に福岡地裁で懲役2年の実刑判決が下されました。教諭は控訴しましたが，二審の福岡高裁は1996（H8）年6月25日，事件について「一方的に被害者に暴行を加えた」「私憤に由来する暴行」と認定，一審福岡地裁判決を支持し，教諭の控訴を棄却しました。教諭は上告せず，1996年7月9日に懲役2年の実刑判決が確定しました。

　また遺族と学校側は，当事者間の話し合いで1997（H9）年3月に「学校側が教師の使用者責任を認めて謝罪し，解決金を支払う」という内容で和解しました。

## ② 体罰と自死との因果関係があると判断されたケース

　このケースは小学生が自死し，そのことと教師の体罰に因果関係があるとされたものです。教師は小学校においても子どもが自死することを想定して指導しなければならないという警鐘になるかもしれません。

　2006（H18）年3月16日，福岡県北九州市の公立小学校5年生（当時11歳）だったB君が，担任の女性教諭（当時54歳）から体罰を受け，その後，自宅で自死した事件です。

　当日の概要は，次の通りです。翌日が卒業式であったため，午後は式に向けて準備や清掃などの作業を行っていました。その際，B君が別の女子児童にぶつかるトラブルがありました。B君はその女子児童に謝り，その場は収まったといいます。

　しかし，今度は午後3時頃，B君が丸めた新聞紙を級友に当ててしまいました。その際，教諭は「謝りなさい」と大声で注意しました。B君は「謝ったっちゃ」と言い争いになり，担任教諭は両手で胸ぐらをつかみ，体をゆすりました。B君はいすから床に倒れ落ち，教室をいったん飛び出しました。その数分後，教室に戻ってきましたが，教諭に「なんで戻ってきたんね」と怒鳴られたので，荷物をまとめて再び教室を飛び出しました。その後，B君は午後4時50分頃，自宅1階で自死してしまいました。なお，担任教諭は2006年3月末で，依願退職をしています。

　保護者は民事訴訟で損害賠償を求めました。2006年10月9日，地裁での判決は「体罰が自殺の直接的原因となった」として，体罰と自死との因果

関係を認め，市側に880万円の支払いを命じました。自死が体罰によるものであることが認められた点で，画期的な判決と言えるでしょう。

### ③ 最高裁まで争われたケース

　熊本県本渡市（現天草市）の公立小学校で2002（H14）年，臨時講師の男性（3年生の担任）が，当時2年生だったC君の胸元をつかんで叱った行為が，「学校教育法」の禁じる体罰に当たるかどうかが争われた事件です。

　この事件は，2002年の11月，休み時間に起きました。C君は，しゃがんで別の児童をなだめていた講師におおいかぶさったり，通りかかった女子児童を蹴ったりするという悪ふざけをしました。講師が注意し職員室に向かおうとしたところ，C君はその講師の尻を2回蹴って逃げようとしました。

　そこで，C君を講師が捕まえ，胸元を右手でつかみ，壁に押し当て大声で「もう，すんなよ」と叱りました。これに対して，C君側はこの臨時講師の行為によって，C君がPTSDになったという理由で，市を相手に350万円の損害賠償を求めて訴えを起こしたのです。

　2007（H19）年6月15日，一審の熊本地裁判決では，臨時講師の行為は「個人的な腹立たしい感情をぶつけたもので，教育的指導の範囲を逸脱し，体罰に当たる」と判断されました。C君側が主張していたPTSD（心的外傷後ストレス障害）との因果関係も認め，天草市に約65万円の支払いを命じています。

　また，2008（H20）年2月26日，二審の福岡高裁判決も「少年が受けた恐怖は相当で，胸元をつかむ必要もなく，体罰」と指摘しました。一審とは異なり，PTSDになったとは認めませんでしたが，精神的苦痛への慰謝料などとして約21万円の賠償を命じています。

　しかし，2009（H21）年4月28日，上告審判決で最高裁は，体罰があったと認定して市に賠償を命じた一審・二審判決を破棄し，この案件程度なら「目的や行為の態様，継続時間などから判断する」としたうえで，「教育的指導の範囲を逸脱するものではなく，体罰に当たらない」と判断し，C君側の請求を棄却しました。教職員の行為が，体罰かどうかが争われた損害賠償訴訟で，最高裁の判断が出るのは初めてのことです。

　最高裁の判決は「講師の行為は有形力の行使だが，指導するためで肉体

的な苦痛を与えるためではない」と指摘し，「やや穏当を欠くところがなかったとはいえないが，目的や態様，継続時間などから判断して許され，違法性は認められない」と結論付けています。

### ④ 高校の部活動での体罰後，生徒が自死したケース

　このケースは，これまで疑問視されつつも見過ごされてきた部活動での体罰によって，生徒が自死したケースです。2012（H24）年12月に，大阪市の公立高校 2 年の男子生徒（当時17歳）が，バスケットボール部顧問教諭（当時47歳，男性，18年間当校に勤務）から受けた体罰を苦にして，自死するという事件が発生しました。

　部活動中，顧問教諭は生徒のほおを打つなどの体罰を繰り返していました。自死した男子生徒はバスケットボール部の主将を務めていたため，他の生徒よりも頻繁に体罰を受けていたと言います。当バスケットボール部での体罰は常態化していましたが，顧問教諭は指導者として高い評価を受け，全国高校総体にも頻繁に出場する強豪校であったため，周りの教員も容認していました。

　その後，大阪市教育委員会は，生徒の自死と体罰には因果関係があると判断し，顧問教諭は懲戒免職処分となりました。また大阪地方裁判所は，2013（H25）年 9 月26日，懲役 1 年・執行猶予 3 年の有罪判決を言い渡しました。

　部活動での体罰は，これまで踏み込みにくく，強くなることや勝つことと引き換えに，ある一定程度許容されてきた部分がありました。そうした背景がある中，当事件は起きたことになりますが，この事件をきっかけに部活動での体罰にメスが入ることになりました。さらには，「児童虐待防止法」の改正（2020年 4 月施行）によって，親の体罰が禁止されたこともあって，体罰に対する視線は世の中全体に一層厳しくなっています。先述の熊本県で起きた体罰事案の最高裁判決についても，今であれば，判決内容はおそらく異なるでしょう。

## (4) 体罰の発生状況

　2015（H27）年度における体罰の学校段階別発生件数，当事者（教員）の年

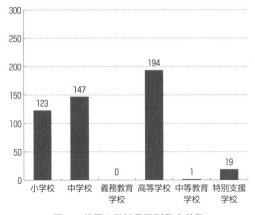

図1　体罰の学校段階別発生件数　　　　　図2　当事者（教員）の年代

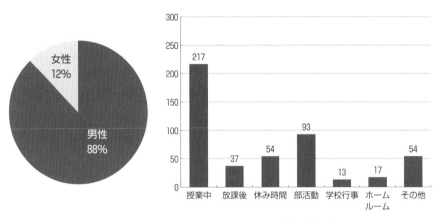

図3　当事者（教員）の性別　　　　　　　図4　体罰時の場面

代，当事者（教員）の性別，体罰時の場面，体罰の態様，把握のきっかけを図1 〜 6に示しました。体罰の発生は高等学校で最も多いのですが，高等学校に限らずいずれの学校段階においても発生しています。また，当事者である教員の年代を見ても，ややベテランに多いとはいえ，どの年代においても発生していることがわかります。

## (5) 懲戒権の限界

ところで，教師の懲戒権の限界はどこにあるのでしょうか。これについ

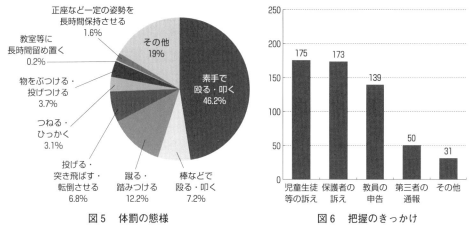

図5　体罰の態様

図6　把握のきっかけ

〈出典〉図１〜図６はいずれも，文部科学省「体罰の実態把握について（令和２年度）」令和３年12月21日より作成。

ては1948（S23）年の法務庁による「児童懲戒権の限界について」，1949（S24）年の法務府通達による「生徒に対する体罰禁止に関する教師の心得」が，長いあいだ参照されてきました。それによれば，体罰には児童生徒に肉体的苦痛を与えるような懲戒，例えば，正座や直立等，特定の姿勢を長

---

**生徒に対する体罰禁止に関する教師の心得**（法務府通達・1949〔S24〕年）

1．用便に行かせなかったり，食事時間が過ぎても教室にとどめおくことは肉体的苦痛を伴うから体罰となり，学校教育法に違反する。
2．遅刻した生徒を教室に入れず，授業を受けさせないことはたとえ短時間でも義務教育では許されない。
3．授業時間中，怠けたり，騒いだからといって生徒を教室外に出すことは許されない。教室内に立たせる場合には体罰にならない限り懲戒権内として認めてよい。
4．人の物を盗んだり，壊したりした場合など，こらしめる意味で，体罰にならない程度に，放課後残したりしても差し支えない。
5．盗みの場合などその生徒や証人を尋問することはよいが，自白や供述を強制してはならない。
6．遅刻や怠けたことによって掃除当番などの回数を多くするのは差し支えないが，不当な差別待遇や酷使はいけない。
7．遅刻防止のための合同登校はかまわないが，軍事教練的な色彩を帯びないように注意すること。

時間にわたって保持させる，炎天下で長時間走らせる，授業中トイレに行かせない，給食を食べさせない等も含んでいます。

2007 (H19) 年に文部科学省通知「問題行動を起こす児童生徒に対する指導について（『学校教育法』第11条に規定する児童生徒の懲戒・体罰に関する考え方）」が改めて示されました。

---

**文部科学省通知「問題行動を起こす児童生徒に対する指導について**
（「学校教育法」第11条に規定する児童生徒の懲戒・体罰に関する考え方）」2007 (H19) 年

有形力の行使以外の方法により行われた懲戒については，例えば，以下のような行為は，児童生徒に肉体的苦痛を与えるものでない限り，通常体罰には当たらない。
○放課後等に教室に残留させる（用便のためにも室外に出ることを許さない，又は食事時間を過ぎても長く留め置く等肉体的苦痛を与えるものは体罰に当たる）。
○授業中，教室内に起立させる。
○学習課題や清掃活動を課す。
○学校当番を多く割り当てる。
○立ち歩きの多い児童生徒を叱って席につかせる。

---

児童生徒を教室外に退去させる措置については，授業中学習を怠けた場合，懲戒の手段としては許されませんが，他の児童生徒の学習上の妨害を排除し教室内の秩序を維持するため必要な間やむを得ず，退去させることは懲戒には相当しないとされました。さらに，授業中に携帯電話を使い，メール等で教育活動に悪影響を及ぼす場合などは，保護者と連携のもと一時的に預かり置くことは差し支えないことも同通知によって示されました。

これまで，法の規定する体罰と日々の指導が重視される学校現場での体罰のあり方には，残念ながら乖離がありました。その乖離が最も大きかったのが，部活動での体罰でしょう。部活動の中で生じる体罰は，子どもが自発的に入部していることや勝利主義によることなどから，これまでは鷹揚に許容されてきたのです。

しかしながら，先述したバスケットボール部（高校）での体罰による自死事案をきっかけに，部活動における体罰はマスコミでも大きく取り扱われました。これによってブラックボックスに閉じ込められていた部活動での体罰が，一気に表面化し，体罰の是非をめぐる議論の渦が学校関係者のみ

ならず社会全体に広がったといえます。

　そこで文部科学省は，2013 (H25) 年3月に児童生徒の懲戒や体罰に関して，以下のような参考事例を具体的に示しました。なお，教員や他児童生徒に被害を及ぼす暴力行為に対して正当防衛・緊急避難的な有形力を行使しても，体罰とはみなされないことも合わせて示されています。

---

**文部科学省　学校教育法第11条に規定する児童生徒の懲戒・体罰等に関する参考事例** (2013 〔H25〕 年)

**体罰（通常，体罰と判断されると考えられる行為）**
**■身体に対する侵害を内容とするもの**
・体育の授業中，危険な行為をした児童の背中を足で踏みつける。
・帰りの会で足をぶらぶらさせて座り，前の席の児童に足を当てた児童を，突き飛ばして転倒させる。
・授業態度について指導したが反抗的な言動をした複数の生徒らの頬を平手打ちする。
・立ち歩きの多い生徒を叱ったが聞かず，席につかないため，頬をつねって席につかせる。
・生徒指導に応じず，下校しようとしている生徒の腕を引いたところ，生徒が腕を振り払ったため，当該生徒の頭を平手で叩（たた）く。
・給食の時間，ふざけていた生徒に対し，口頭で注意したが聞かなかったため，持っていたボールペンを投げつけ，生徒に当てる。
・部活動顧問の指示に従わず，ユニフォームの片づけが不十分であったため，当該生徒の頬を殴打する。

**■被罰者に肉体的苦痛を与えるようなもの**
・放課後に児童を教室に残留させ，児童がトイレに行きたいと訴えたが，一切，室外に出ることを許さない。
・別室指導のため，給食の時間を含めて生徒を長く別室に留め置き，一切室外に出ることを許さない。
・宿題を忘れた児童に対して，教室の後方で正座で授業を受けるよう言い，児童が苦痛を訴えたが，そのままの姿勢を保持させた。

---

## (6) 生徒指導に付随して起きるハラスメント

　教師は，自分が気づかなくとも，存在自体が権威を備えています。子どもから見て，単に「大人」だから教師が権威を備えているわけではなく，成績をつけたり，内申書を作成したりすることが仕事に含まれますから，自ずと権威を備えた存在になってしまうということです。権威があるとい

うことは，裏を返せばハラスメントを生じやすいということです。間違った生徒指導をしたとしても，子どもは権威を備えた教師の指導にじっと黙って耐えます。教師の言うことが正しいから従うわけではなく，教師には目に見えない権威があるから従うのです。セクハラや体罰を含めたハラスメントが生徒指導に付随する形で起こるのは，そのことが，教師自身に自覚されていないからです。置かれた立場を自覚しておかないと，ハラスメントをしていることに気づくことができません。

## (7) 体罰を加えてしまった場合の事後対応

　体罰を加えることはあってはなりませんが，万一加えてしまった場合は，当該教師だけでなく，校長や教育委員会を含めた，組織としての早急な対応が必要となります。

### ◆教師の対応
① まずは，子どもの傷害の程度を確認する。
② 傷害を負わせた時点で，ただちに救護措置をとる。
③ 傷害の軽重を問わず，養護教諭による応急手当をし，すぐに医師による診断を受けさせる。
④ 体罰事故発生後，ただちに校長に事実を正確に報告する。
⑤ 迅速 (事故発生当日) に，子どもの家庭を，校長もしくは教頭と一緒に訪問し，被害を受けた子どもとその保護者に，事実関係を正確に報告し，誠実に謝罪する。
⑥ 被害を受けた子どもとの信頼関係の回復に努める。

### ◆校長の対応
① 体罰を行った教員と体罰を受けた子どもから，あるいはそれを目撃した子どもからの聴き取りを行い，詳しく状況を確認する。聴き取りについては，公正に当事者双方の事情と意見を聴くようにする。
② 事故の軽重にかかわらず，その内容を早急に教育委員会に報告 (服務事故の届出) する。
③ 教育委員会の指示を受け，事故の状況に応じて，関連諸機関 (警察等) と連絡をとる。

④ 体罰を受けた子どもおよびその保護者に早急に（当日中）謝罪するとともに，事故の概要や再発防止措置について誠実な説明を行う。
⑤ 必要に応じて，被害を受けた子どもの治療費等，賠償の説明を保護者に行う。
⑥ 全教職員に事故の概要を説明し，再発防止を指示する。
⑦ 事故を起こした教員の名前や事故発生の日時および場所，事故の種類，事故の原因，事故の程度，事故の処理，今後の対応等の内容を含む「体罰事故報告書」を作成し，教育委員会に提出する。「体罰事故報告書」については，学校側からの一方的な報告にならないように留意する。
⑧ 新たな事実が発覚した場合は，教育委員会に追加報告を行う。
⑨ マスコミ対応の必要に迫られることもあるため，時系列による正確な状況把握をしておく。

◆教育委員会の対応
① 体罰の事故後，体罰を行った教員や校長等からの聴き取りを行ったうえで，委員会としての対応を検討する。
② 対応を検討したのち，方針や今後の取り組みについて校長に指示する。
③ 上記①②を行いながら，同時進行で，必要に応じて関連諸機関（警察等）と協議・対応する。
④ マスコミ対応が必要と思われる場合は，その準備を行う。マスコミ対応に関しては，子どものプライバシーに配慮しながらも事実を伝え，事実を隠ぺいしないように努める。また，改善策や防止策等，今後の取り組みについても伝える。
⑤「体罰事故報告書」に基づいて処分を検討したのち，校長および当該教員に，決定した処分内容を伝える。

## (8) 体罰を加えた教師の責任

　体罰は「学校教育法」第11条において禁止されているため，発生した場合は，当該教師（監督する責任のある管理職を含む場合もある）は，その責任を負わねばならず，刑事上の責任，民事上の責任，行政責任が同時に問われることもあります。

## 【責任の種類】

刑事責任：暴行罪，傷害罪として「刑法」第208条，第204条に基づく刑事
　　上の責任

民事責任：不法行為として「民法」第709条に基づく損害賠償責任

行政責任：公務員の義務違反として「地方公務員法」第29条１項に基づく
　　懲戒処分

## (9) 体罰による教員の懲戒処分

　懲戒処分の根拠となる「地方公務員法」第29条，および一例として広島県教育委員会の懲戒処分の指針を下記に示しました。

---

**地方公務員法**

**第29条**　職員が次の各号のいずれかに該当する場合には，当該職員に対し懲戒処分として戒告，減給，停職又は免職の処分をすることができる。
一　この法律若しくは第57条に規定する特例を定めた法律又はこれに基く条例，地方公共団体の規則若しくは地方公共団体の機関の定める規程に違反した場合
二　職務上の義務に違反し，又は職務を怠った場合
三　全体の奉仕者たるにふさわしくない非行のあった場合

---

**広島県教育委員会「懲戒処分の指針」**

**第２標準例１（13）体罰**
ア　体罰により，児童・生徒を死亡させ，又は児童・生徒に重大な後遺症が残る負傷を与えた職員は，免職とする。
イ　体罰により，児童・生徒に負傷を与えた職員は，体罰の形態を考慮し，停職，減給又は戒告とする。また，負傷がない場合であっても，体罰の形態によっては同様とする。

---

　現在では人権意識が高まったことや家庭での児童虐待にも関心が向けられる時代となり，学校における体罰は激減しました。とはいえ，法で禁じられているはずの体罰に駆られる教員は，いまだあとを絶たないのも事実です。

　**表２**は，体罰を行ったことによる当事者責任として行政責任を問われたもので，免職・停職・減給・戒告・訓告等の懲戒処分を受けた教員の数です。

表2　体罰による教育職員の懲戒処分（人）

| 年度 | 免職・停職・減給・戒告 | 訓告等 | 合計 |
|---|---|---|---|
| 平成27年 | 174 | 547 | 721 |
| 平成28年 | 161 | 492 | 653 |
| 平成29年 | 121 | 464 | 585 |
| 平成30年 | 141 | 437 | 578 |
| 令和元年 | 142 | 408 | 550 |
| 令和2年 | 104 | 289 | 393 |
| 令和3年 | 90 | 253 | 343 |

〈出典〉文部科学省初等中等教育局「令和3年度公立学校教職員の人事行政状況　　　調査について」

## (10) 不適切な指導に注意

　体罰事案を検証すると，実はその前段階で言葉の暴力があったことが確認できます。「死ね」「アホ」「さっさと部活やめてしまえ」「帰れ」といった，聞くに耐えない言葉を教師から子どもに投げかけているのです。日頃から子どもを尊重する姿勢がなかったことが体罰につながっていることがうかがえます。こうした暴言は，体罰そのものではありませんが，不適切な指導として，「地方公務員法」違反等を根拠に，行政処分が下される可能性もあります。

　何よりこうした暴言によって子どもが傷つくことになりますから，子どもの前で使う言葉はよく考えて用いましょう。さらには，子どもが聞いてどう思うかだけでなく，周りにいる同僚や自宅で子どもから話を聞く保護者，学校近隣の地域の方など周りの誰が聞いていたとしても問題のない言葉を用いることが大切です。他の子どもに連帯責任を負わせることも不適切で，第三者が聞いても納得できるものであることが大事です。学校に直接関係のない方も含めて，生徒指導は「**全方位かつボーダレスの承認が求められる**」時代にすでに入っています。

## (11) 叱る行為に注意

　すでに一般企業等の職場においては，大きな声で叱ることが認められなくなっています。例えば会社で，上司が部下を大声で怒鳴れば，今ではハ

ラスメントということになり，容認されません（第2章 p.24参照）。

　学校ではこれまで，教師が大きな声で子どもを叱ることは特段珍しいことではありませんでしたし，校舎のあちこちでそんな風景を見かけることもありました。わが国では，欧米に比べると教室内の子どもの人数が多く，大きな声でなければ全員に聞こえないこともあったでしょうし，当人だけでなく周りの子どもに警鐘を促す意味もあったのでしょうが，いずれにしても大きな声で叱ることは生徒指導ではごく当たり前のことでした。

　筆者は今後，体罰を用いてはいけない時代というだけでなく，そこからもう一つ先に進み，子どもを叱らない時代に移行するのではないかと考えています（もちろん命にかかわる場合等を除きますが）。叱ることに対して十分な配慮がないと，子どもを傷つけるだけでなく，それによって子どもが自死する指導死のリスクもあるなど，叱ること自体が相当に難しいからです。

　例えば，体罰を行う教師というのは，子どもとの間で信頼関係がつくれているので，体罰を行っても子どもは理解してくれると思って体罰を行います。しかし，子どものほうからすると教師のことを信頼しているわけではなく，単に教師だから従っているだけのことです。子どもは自分を信じてくれているから大丈夫だというのは，単なる教師の思い込みに過ぎないのです。

　叱ったり，大声で怒鳴ったりすることも，その構図は体罰と同じです。そもそも教師と子どもとの関係であろうが，上司と部下との関係であろうが，人が人を信じるということは，そんなにたやすいことではありません。教師と子どもの間で信じ合える関係が築けることが理想ですし，信じ合うことを諦めているわけではありませんが，人と人が双方ともに信じ合うというのは，元来かなり難度が高いことです。

## (12) 言葉で説明し，子どもに問い，気づきを与える

　では，もし叱らないとすれば，一体どうしたらよいのでしょうか。叱ることをすべて否定しているわけではないのですが，これからの時代は言葉で説明し，子どもに問い，気づきを与えることを意識したほうがよいと筆者は考えています。間違っている理由を冷静に言葉で伝え，考えてほしい

ことを本人に問い，子どもが自分で考えることのできる指導が，これから
は求められるように思います。

　大声で怒鳴りながら行う強い指導は，一見熱心な指導に見えるかもしれ
ません。しかしその弊害は，信頼関係を阻害し，子どもの安全や安心を保
障できないだけでなく，子どもから考えることを奪う点にあります。子ど
もが自分で考えなければ，いくら叱っても意味がありません。

　近年，生徒指導に第6章で取り上げたようなコーチング的手法が用いら
れるようになってきましたが，それは理に適ったことだといえます。子ど
もが自分で考えることができるように指導すれば，子どもは変わります。
ここでいう指導とは，子どもが自分で考えて，納得したり解決したりする
そのプロセスを手助けすることだと考えたらよいでしょう。

　大事なのは，教師の思い通りに変わるのではないということです。教師
の役割は，子どもが自分で考えて，自分で解を見つけていくことを手伝う
ことです。そのプロセスで，子どもは勝手に変わっていきます。教師の価
値を押し付けようとするから，大きな声で叱らなくてはならなくなるので
す。教師の考えを上から押し付けても，子どもが自分で考えなければ自立
しないので，真の生徒指導とはいえないのではないでしょうか。

　ただこの指導には時間がかかります。子どもが納得していないように感
じてしまってがっかりしたり，腹が立ったりすることもあります。子ども
は，大人と違ってうまく表現できないため，心と裏腹に反抗的な態度をと
ることもあるのです。

　このようなとき，教師には「待つ」ことが求められます。根気よく待ち
ながら，さまざまな角度から子どもに迫ることが大事です。何もすぐに結
果を求める必要などないのです。

　そもそも教師の仕事というのは，子どもの人格の完成を目指す仕事です
から，忍耐と時間を要し，簡単に子どもを変えられたり，どうにかしたり
できる仕事ではありません。そうした指導力を備えてこそ，社会から専門
職として認められるのではないでしょうか。

　それでも，こうした指導では難しいことが生じたら，先述した懲戒処分
や警察と連携した法的対応で解決を探らなくてはならないでしょう。

# 3 | 出席停止

　義務教育段階の児童生徒のうち，性行不良な児童生徒に対しては「学校教育法」第35条に則って，秩序維持の観点から出席停止の措置をとることが認められています。「いじめ防止対策推進法」第26条においても，いじめを受けた子どもやその他の子どもが安心して教育を受けられるよう必要な措置として，出席停止の措置を運用することについて規定しています。

---

### 学校教育法

**第35条**　市町村の教育委員会は，次に掲げる行為の一又は二以上を繰り返し行う等性行不良であつて他の児童の教育に妨げがあると認める児童があるときは，その保護者に対して，児童の出席停止を命ずることができる。
一　他の児童に傷害，心身の苦痛又は財産上の損失を与える行為
二　職員に傷害又は心身の苦痛を与える行為
三　施設又は設備を損壊する行為
四　授業その他の教育活動の実施を妨げる行為

---

　ただし，「この制度は，懲戒という観点からではなく，学校の秩序を維持し，他の児童生徒の義務教育を受ける権利を保障するという観点から設けられている（1983〔昭和58〕年，12.5文初322初等中等教育長）」とされる通り，懲戒ではなく，あくまでも秩序措置であり，また児童生徒本人がその対象ではなく，保護者に対してなされるものです。さらに，適用の主体は市町村教育委員会であり，校長ではありません。

　なお，適用の主体が市町村教育委員会であるため，公立の小中学校がその対象であり，国立・私立の小中学校では用いません。

　出席停止の適用にあたっては，「学校教育法」第35条に基づいて，市町村教育委員会はあらかじめ保護者の意見を聴取するとともに，理由および期間を記載した文書を交付しなければなりません。また，当該児童生徒に対しては出席停止の期間中，学習に対する支援その他の教育上必要な措置を講じることが求められます。

表 3　出席停止の件数の推移

| 年度 | 16年度 | 17年度 | 18年度 | 19年度 | 20年度 | 21年度 | 22年度 | 23年度 | 24年度 | 25年度 | 26年度 | 27年度 | 28年度 | 29年度 | 30年度 | 元年度 | 2年度 | 3年度 | 4年度 |
|---|---|---|---|---|---|---|---|---|---|---|---|---|---|---|---|---|---|---|---|
| 小学校 | 0 | 1 | 2 | 0 | 1 | 0 | 0 | 0 | 0 | 0 | 0 | 1 | 4 | 1 | 0 | 1 | 0 | 1 | 1 |
| 中学校 | 25 | 42 | 58 | 40 | 45 | 43 | 51 | 18 | 27 | 47 | 25 | 14 | 14 | 7 | 7 | 2 | 4 | 3 | 4 |
| 計 | 25 | 43 | 60 | 40 | 46 | 43 | 51 | 18 | 27 | 47 | 25 | 15 | 18 | 8 | 7 | 3 | 4 | 4 | 5 |

〈出典〉文部科学省初等中等教育局児童生徒課「令和 4 年度 児童生徒の問題行動・不登校等生徒指
　　　導上の諸課題に関する調査結果について」令和 5 年10月 4 日

　全公立の小・中学校における出席停止の行使件数は，表 3 に見るように
ほとんど行使されておらず，実際に生じている暴力行為やいじめの発生状
況に鑑みると，行使件数と実態との間には相当の乖離があります。これを
見る限り，出席停止の措置は強力な措置という意味合いでとらえられてお
り，秩序維持の措置として機能しているとはいえません。

> **コラム 8　ハラスメント**
>
> 　教師から子どもへの身体接触は，これまでのわが国の文化において鷹揚に認め
> られてきました。しかし，これからの時代は体罰だけでなく，子どもとの身体接
> 触も極力避けたほうがよいでしょう。自分は励ましているつもりで子どもの背中
> をポンと軽くたたいたとしても，子どもはそれをハラスメントだと感じる可能性
> があります。「自分と人とは違う」ので，感じ方もそれぞれ違います。
>
> 　ハラスメントは，自分ではなかなか気づきにくいものです。ひどいいじめをし
> ていた子どもに話を聞いても，「いじめているつもりはなかった」と言うことが
> あります。それも同じことではないでしょうか。

**演習**　子どもに不快な思いを与える教師のハラスメント行為には，どん
なものがありますか。考えてみましょう。

# 第8章

# 少年非行

## 1 | 非行の減少

　図1に示すように，2022（R4）年の刑法犯少年（道路上の交通事故に係る第208条の2及び第211条1項の罪を除く14歳以上20歳未満の少年）の検挙人員は1万4,887人で，戦後最少であった前年より69人増加しています。

　同年齢層の少年1,000人当たり刑法犯で検挙された少年も，1982（S57）年には18.8人であったのが，2022（R4）年では2.3人と激減しています（国家公安委員会・警察庁，2023）。

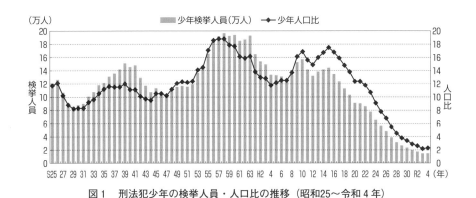

**図1　刑法犯少年の検挙人員・人口比の推移（昭和25〜令和4年）**

〈注〉人口比は，同年齢層の少年1,000人当たりの人員である。
〈出典〉国家公安委員会・警察庁『令和5年版　警察白書』（2023年）

# 2 非行の波

　非行には戦後を通じて大きく四つの波があります。**非行の第一波**は，戦後の混乱期から復興にいたる時期で，1951 (S26) 年頃をピークとする生きるための経済的困窮が主な理由であったことから，窃盗や強盗が中心でした。このため，「**生活型非行**」と呼ばれています。

　**非行の第二波**は，高度経済成長期で1964 (S39) 年頃をピークとします。経済的格差や都市化，核家族化が進むとともに，高校や大学への進学率が増す等，高学歴化に伴う過激な受験戦争も背景にはありました。粗暴犯や暴力的な性非行が増え，反抗のための非行が特徴的で，「**反抗型非行**」と呼ばれています。

　**非行の第三波**は，石油ショック以降で，1983 (S58) 年頃をピークとします。興味本位やスリルを求めるなど，遊び感覚で「**遊び型非行**」と呼ばれています。万引き等の初期型非行やシンナー・覚せい剤等の非社会型非行，そして女子非行の増加がその特徴です。1983年，山下公園（横浜市）で60歳の浮浪者が集団で暴行を受け，収容先の病院で2日後に死亡した事件や横浜スタジアムでは浮浪者9人が次々に襲われ，重軽傷を負った事件などがあります。

　**非行の第四波**は，1998 (H10) 年，2003 (H15) 年頃をピークとするもので，非行が一般化し，低年齢化してきたのが特徴です。一般的な家庭で育った普通の少年に見える少年が，突然，非行を犯すように見えるので「**いきなり型非行**」と呼ばれています。

　また，インターネット等の情報網の発達から，すぐに同じ手口でまねをしてしまう「**模倣型非行**」も目立っています。さらに，薬物のような問題行動を含め，非行は多様化しています。1997 (H9) 年に起きた14歳の少年による神戸連続児童殺傷事件や，2000 (H12) 年に愛知県豊川市で「人を殺してみたかった」という動機で主婦を殺害した17歳の少年による事件などがあります。

# 3 | 今日的非行

## (1) 万引き

　非行には，いろいろありますが，初発型非行（万引き，自転車盗，オートバイ盗，占有離脱物横領の4罪種）の代表的なものは万引きです。現状では，万引きは子どもたちにとって非常に身近で安易な非行となっており，初発型非行に占める割合は増えています。

　比較的簡単に万引き行為が成功してしまうため，小学校の中学年くらいからその快感に浸る者は増えていきます。万引きと聞くと，軽い過ちのような印象を受けますが，「刑法」第235条の窃盗罪が成立する犯罪行為に該当します。

　万引き自体，犯罪であることに違いはありませんが，中にはいじめの一環で万引きを強要され，見つかった時に直接責任を負わされる子どもがいじめられっ子のこともあるので，指導は注意を要します。事実確認を含め，慎重に対応することが大事で，保護者も交えて話し合う必要があります。いずれにしても，万引きは犯罪であるということ，万引きはしてはいけない行為だということを子どもにしっかり伝えなくてはなりません。

　特に，最初に発覚した時点での対応が重要です。かつて万引きを繰り返していた少年に，「もう絶対にやらない」と改心したきっかけを聞いてみました。彼はその時のことを，「万引きが見つかった店に呼び出された母親が，泣きながら『申し訳ありません』と言って，床に座って深く頭を下げ，謝ってくれたのです。その後，家に戻ると母は鬼のような形相をして，僕の頬を叩き，床に伏せて泣き崩れました。その姿は今でも強烈に目にこびりついて離れません。それ以来，二度と万引きをしようなどとは思わなくなりました」と語ってくれました。

　親であれ，教師であれ，「君のそんな姿を見るのは悲しい」と，強くそして真剣に子どもに訴える姿が子どもの心に響くのではないでしょうか。

## (2) 薬物

　かつては大麻や覚醒剤といった薬物は大人のものでしたが，もはや大人に限られたものではなく，大学生そして中高生にも十分に手の届くものになっています。2015 (H27) 年には，小学生が大麻取締法違反で摘発される事態が発覚し，薬物の低年齢化に衝撃が走りました。図2に見るように大麻を使用したことによって検挙される少年は増えています。

　薬物が蔓延し，若者が容易に手を出す背景には，インターネットの普及で購入しやすくなったことや密売場所の発見・摘発が難しくなったことが挙げられます。各自が売人とつながったり，あるいはネットで購入したりするなど，人目を避けながら，かつ容易に買えるようになっています。

　かつては暴力団関係者であった売人が，街頭での普通に見える売人に代わったことで怖さが弱まっている影響もあります。薬物の法規制は国によって異なるため，海外へ行った際に気軽に試してみたり，あるいは海外留学の際に友人に勧められたりして，それが入り口になってしまうこともあります。また，友達とつながるうちに薬物を使用している少年と知り合い，いつの間にか手を出してしまう等，薬物の怖さを意識せずに手を出し

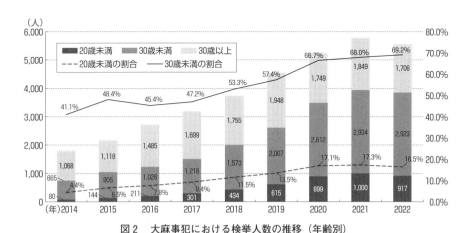

図2　大麻事犯における検挙人数の推移（年齢別）

〈出典〉厚生労働省「第五次薬物乱用防止五か年戦略フォローアップ」令和5年8月8日取りまとめより作成。

てしまうようです。薬物が俗語で呼ばれ，一見薬物ではないかのような印象を持ってしまうこともあります。小分けするなどして，子どもでも手の届く価格に設定されており，薬物の罠にはまりやすい環境にあふれているのも事実です。孤独感が強いことが薬物へのリスクを高めることも考えられます。

薬物の種類によって身体に現れる症状は異なりますが，薬物を摂取すると，幻覚や錯覚，多幸感，妄想，そして脱力感，倦怠感に襲われ，精神錯乱やフラッシュバック（再燃現象），不眠，発汗に悩まされます。そうした症状，あるいは薬物への憧れは使用をやめても長期間にわたって薬物使用者を苦しめます。同時に，精神依存も強いので自分の意志ではやめることがなかなか難しいと言われています。

薬物の使用中あるいは使用後には，呼吸困難で死亡したり，転落事故，交通事故，傷害事件，自殺，婦女暴行，暴走をしたり，集団になると集団自殺に至ること等もあります。身体的には，失明や大脳萎縮，脳室拡大，肝臓・腎臓の組織壊死，貧血の症状，妊娠中に乱用すると，出産時に低体重児を出産する虞（おそれ）もあるなど，そのリスクは多岐にわたります。

こうした違法薬物は「劇物及び毒物取締法」「覚醒剤取締法」「大麻取締法」「あへん法」「麻薬及び向精神薬取締法」等の法律によって罰を受けます。

薬物は一度経験してしまうと，なかなか脱することが難しいと言われています。当人にはもちろん深刻な問題ですが，家族にとっても悲惨で憂慮すべき問題といえます。法的制裁を受けたとしても，その後，愛情だけで薬物を断ち切らせることは難しく，再犯率は他の犯罪に比べ高くなっています。薬物に手を出さないための薬物予防教育が重要で，子ども自身が薬物の有害性や危険性を理解し，「薬物には決して手を出さない」という強い自覚を持たせることが大事です。

万一，使用してしまった場合の解決に向けては，警察への通報を含めて関係諸機関と連携する必要があること，ナルコティクス・アノニマス（NA：Narcotics Anonymous）のような回復を目指す薬物依存者の集まりやダルク（DARC：Drug Addiction Rehabilitation Center）のような薬物依存症者専門のリ

ハビリテーション・センターや自助施設が各地にあることも，知っておく
必要があります。

## (3) 性非行・性被害

　薬物の問題と背景を同じくしますが，携帯電話やパソコンの普及により，
性行動に至る機会を容易に持つことができるようになりました。小学生で
も個人のスマートフォンを所持するようになったことで交際範囲が広域化
し，性非行・性被害についても低年齢化が進んでいます。

　また，性非行や性被害によって，妊娠し，堕胎や望まない出産に追い込
まれると，精神的ショックや心の傷は計り知れません。それに加えて，
誤った情報や不要な情報が流出すれば，二次被害も起こりかねません。事
後対応を行う際は，最大限の配慮とともに当人にとって最も良い解決策を
考えることが大事です。

　性被害に遭った場合は，72時間（薬によっては120時間）以内に緊急避妊ピル
を服用することで，妊娠を避ける方法があることなど，性の問題から目を
背けずに知識として伝えることも大事です。

# 4 ハーシによる非行モデル

　人は皆それぞれに欲望があり，社会から逸脱することを頭に浮かべたと
しても，それ自体は珍しいことでもありませんし，何ら問題のないことで
す。ただ，ほとんどの人は社会から逸脱せずに生きています。なぜ一部の
人だけが逸脱し，非行に走ってしまうのでしょうか。

　これについて，ハーシ（Harshi, 1969）は，「なぜ人は社会のルールに従わ
ないのだろうか」ではなく，「人はなぜ社会のルールに従っているのだろ
うか」という問いから始まるコントロール理論に基づき，非行の原因を社
会と個人を結びつけている社会的な「絆（bond）」の強弱によって説明しま
した（森田・清水訳, 1995）。

　彼は，「社会に対する個人の絆が弱くなったり，失われる時非行は発生
する」と言います。そして，その絆の要因として「愛着（attachment）」，「投

資 (commitment)」，「巻き込み (involvement)」，「規範観念 (belief)」の，四つ
を挙げています（図3）。

　まず「**愛着**」とは，家族や友人あるいは学校という集団への情緒的なつ
ながりのことです。周りの人との情緒的なつながりが強ければ強いほど，
愛着のある人への影響を考え，逸脱行動をとることをためらうでしょう。

　次に「**投資**」とは，いい意味での打算のことで，それまで投資してきた
こととそれを失うリスクの点から，行為のコスト（損害），またはベネフィッ
ト（利益）を判断することです。例えば，教師が窃盗という犯罪を犯したと
すれば，一時的には何かを盗み利益が出るでしょうが，発覚すれば名前が
マスコミを通して世間一般に知られ，職を失ったり，給与を得られなく
なったりするでしょう。場合によっては，離婚や引っ越しを余儀なくさせ
られることもあるでしょう。このように，コストがベネフィットを上回る
と判断されれば，通常，逸脱行為は抑制されます。

　「**巻き込み**」とは，自分の時間やエネルギーを何らかの活動に投入し，
参加していることです。例えば，レギュラー入りを目指して部活動に追わ
れている間は，非行を考える余裕すらありませんが，体を壊して部活動が
できなくなったり，上級学年で退部して時間ができたりすると，巻き込み
から解放され，ふと非行に走ることがあります。すなわち，多忙であれば，
逸脱行動を思い浮かべるにしても実行するにしても，時間的にも身体的に
も余裕がないということです。

　「**規範観念**」とは，規範に対して疑問を持たない態度，ないしは規範へ
の素朴な信頼感を意味しています。例えば，人のものを盗むことはとても
いけないことだという規範観念が，しっかりと内面で形成されていれば，
万引きをするという行為が自分の中で許されないでしょう。学校では今，
規範意識を育てるために児童生徒にいかに迫っていくのかが問われていま
す。

　以上，絆の要因を四つ挙げましたが，いずれにしても個人と社会の間に
絆がないところでは，孤独感が強くなり，非行への垣根が低くなってしま
います。絆を構築するようなプログラムを多くの場面に仕掛けることが大
事ではないでしょうか。

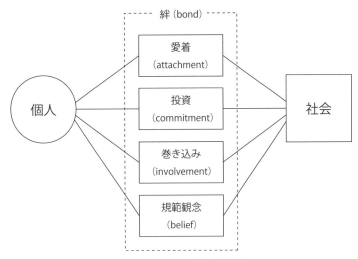

図3　非行のモデル図―人はなぜ逸脱しないのか

〈出典〉T・ハーシ著，森田洋司・清水新二監訳『非行の原因』（文化書房博文社，1995年，pp.29-48）
をもとに筆者が作成。

# 5 ｜非行へと駆り立てられてしまう子どもに共通すること

　非行へと駆り立てられていく目の前の子どもを見ていると，彼らには非行に駆られるいくつかの共通した点があるように思います。

　第一には，保護者との関係がうまくいっていないことです。保護者が，子どもよりも自分自身の興味を優先した生活をしていたり，そもそも子どもに関心を持てなかったりなどするケースです。また，それとは反対に子どもに過剰な期待をして，子どもを追いこんでしまうケースもあります。

　いずれにしても，親にしっかりと受け止めてもらえず，愛情に飢えていると，孤独感が強かったり，自分自身の価値を軽視したりするようになります。

　第二に，短期か長期かに関係なく，目標がないことです。精神科医でホロコーストを生き延びたヴィクトール・E・フランクルは，「一つの未来を，彼自身の未来を信ずることのできなかった人間は収容所で滅亡して行った。

未来を失うと共に彼はそのよりどころを失い，内的に崩壊し身体的にも心理的にも転落したのであった」と述べています。将来に希望を見出せず，人生の目標が持てないと，日常生活がどうでもよくなり，目の輝きが失われていきます。そうなれば，目の前にある疑似快感を得るために，非行に走ったとしても不思議ではありません。

　第三に，困難に遭遇した時の対処法を知らないことも彼らに共通しています。不快な時の感情のコントロールの仕方や他者との関係改善の方法を知らないため，発生した事柄に対して過度に反応してしまうのです。対教師暴力や生徒間暴力もその一例で，教師や友達への対処がうまくできず，暴力に頼ることを選択してしまいやすくなります。小さなトラブルであれ，あるいは大きな困難にぶつかった時であれ，具体的にどう対処したらよいのかを教えてもらっていないため，対応の仕方がわからず，結果的に反社会的な行動をとりやすいのです。

　そのほか，そもそも誤ったことをしたとしても，それを理解できない子どもが教室にいるのも事実です。IQ 70 〜 84の境界知能と言われる認知の歪みがあるとされる子どもたちへの対応は注意が必要です。「彼らには，反省させる前に，何が悪かったのかを理解する力やこれからどうしたらよいのかを考える力があるかどうかを確かめなければならず，その力がなければ，反省させるよりも本人の認知力を向上させることの方が先だ」と，精神科医の宮口 (2019) は指摘しています。

# 6 | 非行から立ち直る時

　非行から立ち直りやすい少年とそうでない少年との差は，どこにあるのでしょうか。少年鑑別所や少年院で，職員の方に尋ねてみました。すると，共通した回答は，「少年に，誰かからかわいがられた経験があるかどうか」がその岐路になるというものでした。かわいがってくれた人物は，父母に限らず祖父母でもよいですし，教師であってもよいのですが，いずれにしてもかわいがってもらった人との間に「愛着 (attachment)」がある場合は，立ち直りやすいと言うのです。

　この世に生まれ落ちてから，少年にとって生活環境は必ずしも良くなかったかもしれませんが，誰かに愛された経験を持つ少年には，壁が厚くとも職員の入っていける隙間が残っていると言います。しかし，そうでない少年の場合にはどんな言葉も，どんな取り組みも響かず，虚しさ（むな）だけが残るそうです。人は，食べ物や寝る場所を与えられることよりも，誰かに愛されることを欲しているのでしょう。

# 7 │ 非行少年の分類と少年事件処理手続きの流れ

## (1) 非行少年とは

　ここでの非行とは，「少年法」に基づき20歳未満の少年が刑法に触れる行為をした場合を言います。14歳から20歳の者を「**犯罪少年**」，14歳未満を「**触法少年**」と分類します。犯罪は犯していないのですが，家出を繰り返すなどの不良行為をして将来，犯罪を犯す虞がある場合を「**虞犯少年**（ぐ はん）」と言います。なお，「**不良行為少年**」とは，非行少年には該当しませんが，飲酒や喫煙，家出等を行って警察に補導された20歳未満の者を言います。

　14歳未満の少年は「児童福祉法」のもと，主に児童相談所に送致されますが，14歳以上は「少年法」のもと家庭裁判所に原則すべて送致され，少年司法を受けます。14歳が一つの区切りとなるのは，以下の「刑法」第41条によるものです。これは，14歳未満の子どもの法律違反は犯罪にならないということを意味します。

---

**刑法**

**第41条**　14歳に満たない者の行為は，罰しない。

---

　また，少年の非行に対する処遇は，「少年法」がその拠り所になっています。「少年法」の精神は，**保護主義**に基づくものであり，将来のある**少年の健全育成**を目指しています。

少年法

**第1条** この法律は，少年の健全な育成を期し，非行のある少年に対して性格の矯正及び環境の調整に関する保護処分を行うとともに，少年の刑事事件について特別の措置を講ずることを目的とする。

「少年法」の規定では，非行少年を発見したら家庭裁判所にすべて送致されることになっています。ただ，実際には少年事件のほとんどはまず警察に通報され，そこで一定の捜査ないし調査が行われます。警察は非行の種類に応じて以後の手続きの進め方を決め，次の処遇に受け渡します。

**犯罪少年**のうち，家庭裁判所が保護処分ではなく，懲役，罰金などの刑罰を科すべきであると判断すると，事件を検察官に送ります。これを逆送と言います。検察官によって刑事裁判所に起訴され，刑事裁判で有罪となれば刑罰が科されます。少年事件については，「全件送致主義」のもと，すべて家庭裁判所に送致されます。非行に至った原因を家庭裁判所で究明するためです。「少年法」は少年の健全な育成を目標としているので，対応が成人とは異なるのです。

次に**触法少年**（刑罰法令に触れる行為をした14歳未満の少年）ですが，「少年法」よりもまず「児童福祉法」の対象となります。通告された少年については児童相談所が，「児童福祉法」の措置よりは家庭裁判所の審判を受けたほうが適当であると判断したとき，事件を家庭裁判所に送致します。つまり，家庭裁判所が触法少年を審判するのはその場合だけです。

そして**虞犯少年**ですが，この少年については年齢によって取り扱いが異なります。まず14歳未満の場合は，児童相談所へ通告し，福祉的措置がなされます。しかし，14歳以上18歳未満の場合は，発見者（ほとんどが警察）は直接，家庭裁判所に送致するか，児童相談所に通告するかを選択できることになっています。また，18歳以上20歳未満の場合はすべて家庭裁判所に送致されます。

少年非行に対する厳罰化や被害者の権利尊重の流れを受けて，「少年法」はこれまでに何度か改正されてきました。具体的には，触法少年の事件について，法律上の根拠が明確でないまま警察官による任意の調査が行

われていましたが，警察官による調査権限が明確化されたり，14歳未満の少年でも，家庭裁判所が特に必要と認める場合に限り，おおむね12歳以上であれば少年院に送致できるようになったりもしました。また，殺人など一定の重大事件について，少年鑑別所に身柄を拘束されている少年に対して国選付添人（弁護士）を付けることができるようにもなりました。

　2021年には，成人年齢の引き下げに伴う法改正があり（2022年4月より施行），18・19歳は18歳未満とは扱いが異なる，「特定少年」として位置づけられるようになりました。18・19歳の特定少年については，引き続き少年法の枠組みの中で処遇されますが，起訴された場合は実名報道が認められるようになるなどしています。

　図4は少年事件処理手続き概略図で，非行少年発見から家庭裁判所送致までの流れを示したものです。

## (2) 非行少年の具体的処遇と社会復帰

　少年法は，矯正することによって少年の健全育成を図ろうとする**保護主義**，少年によるすべての事件を家庭裁判所へ送致する**全件送致主義**，一つひとつの事案に最適な処遇を決定する**個別処遇の原理**，家庭裁判所に権限と責任を認めて専門的に少年事件を扱う**職権主義**等の特徴を持っています。少年法の理念に基づき，非行少年が各機関でどのように処遇され，社会復帰していくのか四つの機関について見ていきましょう。

### 【家庭裁判所】

　少年事件については，全件送致によって家庭裁判所が調査・審判（審判とは成人の場合の「裁判」のこと）することになります。最終的な「**決定**」（決定とは成人の場合の「判決」のこと）を行うのは裁判官ですが，少年事件を直接調査するのは，家庭裁判所調査官と呼ばれる裁判所職員です。家庭裁判所調査官は，各家庭裁判所に置かれ，その職務の一環として少年保護事件の審判に必要な調査を行います。

　具体的には，事件の原因やその背景にある少年の家庭の問題等について調査する仕事を行うのです。少年たちの背景を調べていくと，家庭環境に

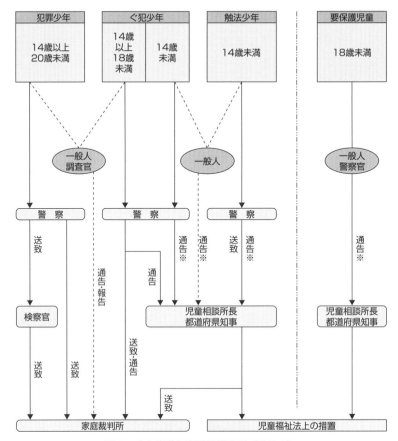

**図4　少年事件処理手続概略図（その1）**
―非行少年発見から家庭裁判所送致まで―

※保護者がないか，または保護者に監護させることが不適当な者に限る。
〈出典〉内閣府『令和4年版 子供・若者白書』p.102

　恵まれなかったことに起因する非行やそれに伴う入所が多いことに気づかされます。さらに，虐待を受けた経験を持つ少年，あるいは発達障害によって二次障害を受けた経験を持つ少年も決して少なくありません。
　さて，家庭裁判所は，受理した少年保護事件について，まず審判開始決定（保護処分の必要があると考えられる事案の場合）か，審判不開始決定（警察からの簡易送致の手続きを経た軽微な事案の場合）かの判断を下します。その間，家庭裁判所が

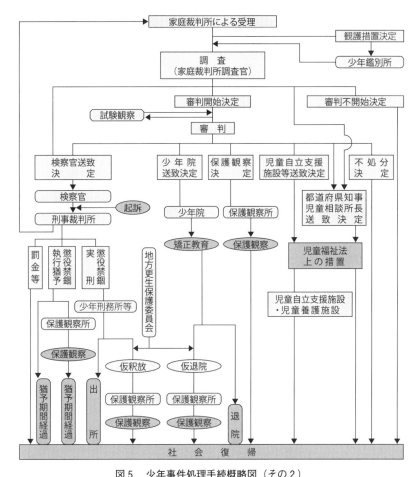

**図5 少年事件処理手続概略図（その2）**
―家庭裁判所における調査・審判から社会復帰まで―

〈出典〉内閣府『令和4年版 子供・若者白書』p.102

調査・審判を行ううえで，身柄の拘束を要すると判断したときは，後述する少年鑑別所に送ります。

　審判開始決定ということで審判が開始されるのは，おおよそ半数の少年についてです。家庭裁判所調査官の調査を踏まえながら審判が行われ，不処分決定，児童自立支援施設等送致決定，保護観察決定，少年院送致決定，

検察官送致決定のいずれかの「決定」が裁判官から少年に対してなされます（図5）。

## 【少年鑑別所】

　家庭裁判所が少年保護事件を受理した段階で，少年鑑別所での調査・診断が必要と判断した場合には，身柄保全措置の一環として，少年鑑別所での観護措置（少年審判のために家庭裁判所が執る少年の身柄保全の措置）がとられることがあります。つまり，家庭裁判所から観護措置の決定によって送致された少年を，少年鑑別所は収容するのです。

　ここでは，その心身の状態を科学的方法で調査・診断し，非行の原因を解明して，処遇方針を立てます。少年鑑別所は，「少年法」や「法務省設置法」に基づく法務省所管の施設です。

　少年鑑別所は，1949（S24）年の「少年法」および「少年院法」の施行により発足し，各都道府県庁所在地などに設置されています。少年鑑別所における観護措置の期間は，4週間が一般的で，殺人事件や少年が事実を認めていない事件など鑑別が難しいケースでは，さらに2週間ずつ観護措置の期間を延長し，最大で8週間まで収容することもあります。鑑別期間中であるため，矯正教育などは行われませんが，運動の時間を設けるなどして，規則正しい生活を行う日課になっています。

---

**少年法**

**第17条**　家庭裁判所は，審判を行うため必要があるときは，決定をもつて，次に掲げる観護の措置をとることができる。
一　家庭裁判所調査官の観護に付すること。
二　少年鑑別所に送致すること。
〈略〉

---

**少年鑑別所法**

**第1条**　この法律は，少年鑑別所の適正な管理運営を図るとともに，鑑別対象者の鑑別を適切に行うほか，在所者の人権を尊重しつつ，その者の状況に応じた適切な観護処遇を行い，並びに非行及び犯罪の防止に関する援助を適切に行うことを目的とする。

## 【少年院】

　少年院は，「少年法」および「少年院法」がその拠り所です。少年院送致の保護処分が決定された場合に，矯正教育を目的として収容されます。少年院は下記のように4種に分かれます。

---

### 少年院法

**第1条**　この法律は，少年院の適正な管理運営を図るとともに，在院者の人権を尊重しつつ，その特性に応じた適切な矯正教育その他の在院者の健全な育成に資する処遇を行うことにより，在院者の改善更生及び円滑な社会復帰を図ることを目的とする。
（略）
**第4条**　少年院の種類は，次の各号に掲げるとおりとし，それぞれ当該各号に定める者を収容するものとする。
1　**第一種**　保護処分の執行を受ける者であって，心身に著しい障害がないおおむね12歳以上23歳未満のもの（次号に定める者を除く。）
2　**第二種**　保護処分の執行を受ける者であって，心身に著しい障害がない犯罪的傾向が進んだおおむね16歳以上23歳未満のもの
3　**第三種**　保護処分の執行を受ける者であって，心身に著しい障害があるおおむね12歳以上26歳未満のもの
4　**第四種**　少年院において刑の執行を受ける者
（略）

---

　少年院でのプログラムは，①新入時教育　②中間期間訓練　③出院準備期間の3段階に分かれます。①新入時教育というのは，オリエンテーションや集団行動訓練，保護者会等が中心となります。②中間期間訓練では，教科教育や職業訓練，資格取得を中心とし，集会や問題性別指導，贖罪指導，体育，クラブ活動，各種行事（運動会等）を行います。③出院準備期間は，社会適応訓練の期間で，社会奉仕活動や工場見学，就労準備講座，進路支援講座なども含んで，退院に備えた教育を行います。入院期間は，短期処遇と長期処遇で異なりますが，長くてもおよそ1年程度です。

　少年院の新入時教育では，集団行動訓練が重視して行われます。「前にならえ」や「右向け右」，「体操隊形に開け」といった指示に従って，繰り返し声と身体を反応させていくものです。一見すると，軍隊での訓練にも似ています。少年たちはそれまで昼夜逆転の生活をしていたり，食事もスナック菓子で済ませたりするなど，規則正しい生活とはかけ離れた生活を

してきた者が多く，体力に乏しい点で共通しています。集団行動訓練の場面を見ていると，身体を意のままに動かすことやおなかから声を出すといった当たり前のことが，人間にとって基本であることに改めて気づかされます。日々の学校生活においても，運動を行うことや歌を歌うなどの身体活動は軽視してはならないことをうかがい知ることができます。

　また，少年院では，自分の考えや行動を深く見つめるために，日課の中で面接を行ったり，日記や作文を書くことを毎日行っています。彼らの日記や作文を通して，大人を信用することができなかった少年の心のうちを読み取ることができます（ロール・レタリングについて p.113で紹介）。教師として少年の心に自ら近づき，微かな表情からもその訴えを汲み取ろうとすること，彼らに信頼してもらえる大人になるよう努めることが大事です。

　少年院に入所した少年たちは，やがて少年院から社会に戻っていきます。中学生であれば，いずれかの中学校に戻るわけです。その時，学校は戻ってくる少年を受け入れる体制をしっかりと整えなくてはなりません。その教師集団の働きが，少年の更生を大きく左右します。少年たちが，「自分には心配してくれる人がいる」「人から大切にされている」「自分にも役割がある」と思えるような環境整備が求められます。

## 【児童自立支援施設・児童福祉施設】

　「少年法」に基づき，児童自立支援施設，または児童福祉施設に送致する保護処分が決定した場合に，これらの施設に送致されます。実際には，児童福祉施設に収容される例は珍しく，ほとんどは児童自立支援施設への送致となります。児童自立支援施設は，厚生労働省の管轄で，遡れば1900（M33）年の感化法による感化院がその大もとで，1933（S8）年に少年教護院，1947（S22）年に教護院，1997（H9）年に児童自立支援施設へと，法改正によって名称変更がなされています。都道府県や政令指定都市には児童自立支援施設を設置する義務があり，全国に58カ所あります（2023年時点）。

　施設内の処遇ではありますが，施錠等のない開放処遇を行うことがその特徴です。また，施設は「夫婦小舎制」といって，少年をいくつかの小舎に分けて収容し，家庭的な雰囲気のもとで，職員と生活をともにしながら，生活の立て直しを図り，少年の自立を促すよう支援します。以下は，児童

自立支援施設に入所した少年が，これまでの行動や心の動きを書いた作文です。教育に携わる者には示唆が多いのではないでしょうか。

## 少年の作文①　施設に来て

　僕は今年の5月に，ここに入所しました。ここに来て，最初に野球をしました。初めはゴロを捕るのも難しかったけれど，練習して慣れてきて捕れるようになりました。次に水泳がありました。始めた時は，全然泳げなかったけれど，毎日練習している間に泳げるようになって，臨海学習では，3km泳げたし，水泳大会では全種目泳ぐことができました。水泳が終わると，修学旅行にも行き，今はマラソン大会に向けて毎日練習しています。

　僕が，今がんばっていることは，勉強です。それは，高校に行きたいからです。ここに入所する前は，正直お母さんに対して「うっとうしい」とか「しつこい」とか思うこともありました。でも，ここでの面会や帰省で，お母さんと話してよく思い出してみると，今まで僕が軽率な考えでしてきたことを，一件一件謝ってくれたり，夜遊びに行ったら朝まで探してくれたり，全部僕のためにやってくれてたんやなっと思えるようになりました。今までお母さんに迷惑をかけたし，高校にしっかり行くことが，お母さんへの一つの恩返しだと思うから，高校に休まず行って，自分の変わったところを見てもらうために，残りのここでの生活を頑張っていきたいです。

## 少年の作文②　前の自分と今の自分

　僕は，ここに来るまで自分の思うようにして，親と先生と児童相談所の人とかにめちゃくちゃ迷惑をかけていました。例えば，恐喝したり，家に帰らなくなったり，学校に行かなくなったり，喧嘩をしたり，色々なものをとったり，他にも色々なことをしました。今になって僕は「なんで，こんなことしたんかなぁ」と思っています。

　小学校の頃は，まじめに学校に行っていたけれど，5年生になってから勉強がわからなくなり，宿題もやらなくなって，学校がおもしろくなくなりました。それよりも，友だちと授業をさぼっている方が楽しいと思うようになりました。そうするうちに「学校もさぼったれ」と思うようになりました。

　中学1年生になると，初めは授業に出ていたけれど，やっぱり勉強がわからなくて授業をさぼっていました。そのことを先生に注意されると，むかついて手を出していました。その時は，僕のために言ってくれているとはわかりませんでした。それなのに僕は，自分の思い通りにならないと，むしゃくしゃして手を出すことが多かったです。そうやって悪いことをして捕まることが増えていきました。そうやっているうちに児童相談所に呼び出され，「次になにかやったら鑑別所だよ」と言われたけれど，また悪いことをしました。その時は遊びに夢中でした。そうしているうちに少年鑑別所に入ってしまいました。

いつも手を出したり，迷惑をかけていた先生が，鑑別所に面会に来てくれました。僕は「今まで先生に手を出していたのに，なんで面会に来てくれるんやろう」と思って弁護士の先生に聞くと，「君の将来のためだよ」と言われました。僕のせいで色々な人に迷惑がかかっているということがわかりました。

　親も面会に来てくれました。親には一番迷惑をかけていたのに，面会に来てくれたのは「僕のため」ともわかりました。父は何回も面会に来てくれました。父は僕と姉のために，朝の5時くらいから夜の8時くらいまで仕事をして，休みは日曜しかありません。仕事で忙しいのに面会に来てくれて嬉しかったです。父は，なにがあっても僕のことを信じてくれます。でも僕の言っていることがうそだとわかったら怒られます。でも僕を信じてくれます。いつも守ってくれるのは親だと知りました。そんなことを知って鑑別所からこの児童自立支援施設に来ました。

　初めは色々あったけれど，今は曲がった道を正しい道に直す努力をしています。色々なことがここに来て直ったりして本当によかったです。これからも先生や寮母さんに色々なことを学びたいと思います。僕の夢はまっすぐの道に行くことです。

―ある児童自立支援施設にて―

## コラム9　学習でつまずくと学校から遠のく

　非行少年に接すると，筆圧をかけながら文字を力強く書く力，明瞭な声で音読する力，九九がすらすら言える力，簡単な筆算を即座にする力，こうした小学校低学年で身につけるべき基礎的な力が欠けていることに気づきます。彼らの立場に立ってみれば，学校は，彼らにとって単に苦痛の場だったのかもしれません。

　さてここで，アメリカの研究（Mendez & Sanders, 1981）を見てみましょう。MendezとSandersは，停学に課されなかった生徒と停学に課された生徒を対象にした比較研究を行ったのですが，停学に課された生徒は学業のうちでも，特に「読みの力」が著しく低く，そのことが懲戒に至るかどうかの分岐点になっていることを指摘しました。そもそも学校は文字文化を要求するところであるため，読みができないことによる失敗は学校生活全般を左右してしまうのです。

　別の研究（Morrison, 1997）からも同様に，学校から締め出す停学や退学の強い予知指数として，「低学力」であることが示されています。しかも，このような学力での失敗は小学校で始まり，早い段階で学校への興味を失わせているのです（Garibaldi, 1992）。

## 参照　ロール・レタリング

　少年院等の処遇の中で用いられるロール・レタリングを紹介しましょう。ロール・レタリング（役割交換書簡法）とは，仮定した他者を相手に，往復書簡を行うことで，気づきを中核とする自己カウンセリング自己対決の心理療法のことです。ロール・レタリングでは，内部対話による内省を通して，お互いが許し合い，人間らしい相互依存を回復することが期待できます。また，往復書簡を重ねることによって，相手の気持ちや立場を思いやることができ，カタルシス効果（浄化作用）を用いながら，自らの心のうちに抱えている矛盾やジレンマに気づかせ，自己の問題解決を促進させ，安堵感や安定感を得ることができます。

　ロール・レタリングの利点としては，援助者の介入による自己対決を行うため，カウンセラーとクライアント（来談者）の対決のような感情的対立は生じません。そのため，クライアントの精神的負担が少なくてすむ点が挙げられます。また，時間をかけてゆっくり行うことができるのも利点です。加えて，自己の悩みや他者への恨みなどが，往復書簡の相手に実際に読まれることもありません。

　ロール・レタリングの段階としては，第一段階：心の中の不満，恨み，つらさを言葉や文章に尽くして吐く，第二段階：相手の立場をも踏まえて，現実の自分と問題を挟んで対決する，第三段階：転換，転心し，今まで気づかなかった自分を発見し，心が開けていくという，三つの段階があります。つまり，受容と対決の心理的過程として，心のしこりが表出する⇒心のしこりが明確化する⇒心のしこりと対決する⇒心のしこりがとける⇒心のしこりが和らぐ，といったプロセスを経るのです。心のしこりが表出し，何が問題なのか明確になることが重要です。自己の問題性に気づくことが治療そのものだからです。

・・・・・・・・・・・・・・・・・・・・・・・・・・・・・・・・・・・・・・・・・・・・・・・・・・・・・・・・・・・・・・・・・・

**演習**　111〜112ページの児童自立支援施設の少年の書いた作文を読んで，考えたことをお互いに話してみましょう。

# 第9章

# いじめ

## 1 どの子にも，どの学校でも起きるいじめ

　いじめ (bullying) は，学校が落ち着いているから起きないとか，学力が高い学校だから発生しないというわけではなく，どの子にも，どの学校でも起こり得ます。いじめがきっかけで，不登校や自死に至ることもあるため，その対応は注意を要します。いじめられている子どもにも，その子なりのプライドがあり，友達の前では笑ってごまかしたり，周りからは何とも感じていないように見えるようにしたりもします。さらに，いじめられている事実を親に知られたくないため，黙って耐え，誰にも訴えないケースもあります。このため，保護者も含めて周りはなかなか気づきにくいのが実際のところです。

　ただ，学校や教室が荒れていると，つまり学校や教室のフェーズ (p.45, p.148参照) が下がると，いじめが起きていると考えてよいでしょう。なぜなら，雰囲気も陰気になり，規範意識もなくなると，子どもたちの心が鬱屈し，いじめが起こりやすくなってしまうからです。教師に子どものことを気にかける余裕がなくなると，いわゆる普通の子どもへの目が行き届かなくなってしまいます。

　反対に，規律のフェーズがよい状態にあると，教室の中でお互いがお互いを認め合おうとするので，自ずといじめは起きにくくなります。たとえいじめが起きたとしても，仲間がいじめられているのを傍観者として見ることに耐えられず，誰かが心配して仲裁に入ったり，相談にのろうとした

りするため，深刻ないじめにまで発展することはありません。もし子ども
だけで解決が難しければ，教師を頼って情報が入ってきます。教師が信頼
されていれば子どもから情報が入ってくるので，早急な対応が可能です。
学校や教室をよい状態に保っておくことは，いじめ防止の観点からも重要
です。

# 2 いじめ防止対策推進法

　2011（H23）年10月，滋賀県大津市の公立中学校で起きたいじめ自死事案
（「6. 社会に影響を与えたいじめ事件」の箇所に後述）をきっかけに，2013（H25）年6月
「いじめ防止対策推進法」が成立しました。
　いじめを未然に防止し，いじめ，またはその兆候を早期に発見し，いじ
めに関する事案に対処してその適切な解決を図るいじめ対策について示し
たものです。「いじめ防止対策推進法」に見る「いじめ」の定義は次の通
りです。

---

**いじめ防止対策推進法**

**第2条**　この法律において「いじめ」とは，児童等に対して，当該児童等が在籍する学
校に在籍している等当該児童等と一定の人的関係にある他の児童等が行う心理的又は物
理的な影響を与える行為（インターネットを通じて行われるものを含む。）であって，当該
行為の対象となった児童等が心身の苦痛を感じているものをいう。

---

　毎年，文部科学省児童生徒課の「児童生徒の問題行動・不登校等生徒指
導上の諸課題に関する調査」でいじめの調査がなされますが，いじめの認
知件数は，必ずしもいじめの実態をそのまま表しているわけではありませ
ん。いじめのとらえは必ずしも教育委員会や学校で一致しているわけでは
なく，社会のいじめに対する関心が高い時とそうでない時とでは，教育委
員会や学校のいじめに対する意識が異なるからです。いじめ調査は，人々
のいじめに対する関心の程度に左右される性質があるため，データを検証
する際には注意が必要です。

# 3 「いじめ防止対策推進法」が指すいじめ

　「いじめ」と一口に言っても，そのイメージは人それぞれです。**図1**に，いじめのとらえを3段階で図示しました。例えば，ある人はいじめと聞いて，自死に結びつくような深刻ないじめをイメージするでしょう。また，別の人は常識的に見て度を越えていると思われる行為，つまり社会通念上おかしいと感じる行為をいじめと考えるでしょう。

　さらにある人は，軽いいたずらなどの行為も含めて，広くいじめをイメージするでしょう。「いじめ防止対策推進法」で言うところのいじめは，まぎれもなくこの受け取り手がいじめと感じる広義のいじめ行為を指します。

　具体的には，例えばたたかれたのが一度きりのことであったとしても，本人が苦痛であると申し出れば，その行為は「いじめ防止対策推進法」のもとでは，いじめと認識されます。さらには，たたかれたことを苦痛だと本人が申し出なくても，一般常識で考えて苦痛であろうと見られる行為であれば，それもいじめとみなされます。内心は苦痛を感じているにもかかわらず，いじめられた恥ずかしさから，本人が訴え出ないことはよくある

**図1　いじめの3段階のイメージ**

〈出典〉文部科学省初等中等教育局児童生徒課「いじめ防止指導者養成研修」の行政説明スライドより筆者が修正して作成。

からです。法で指すいじめの範囲は広く，周りにいる者は感度を上げて見ていく必要があります。

　「いじめ防止対策推進法」は，国や地方公共団体，学校の設置者，学校だけでなく，保護者にも責務を求めています。法がなくてもいじめへの対応は可能だと考える人も，中にはいるでしょう。ただ，現実にはいじめ自死事件が後を絶たないわけで，教師や学校によって対応が異なるために，子どもの命が危険に晒されているのも事実です。「いじめ防止対策推進法」ができたとはいえ，その後もいじめを苦にした自死は止んでおらず，いじめ問題への対応は極めて難しいといえます。

## 4　学校の過失とは

　いじめをめぐって学校（実質的には教育委員会や学校法人がその対象となる）が訴訟（損害賠償を求める民事）に持ち込まれた際には，学校に**過失**があったかどうかが問われます。過失を問われるとはどういうことでしょうか。

　簡単に言えば，適切に対応したかどうかが問われるということです。例えば，ある年の5月20日にいじめ自死事案があったとすれば，5月20日以前の学校の動きが調査の対象となります。

　自死前にもいじめの深刻な事実を担任教師は目撃していた，さらには学校も認識していた，それにもかかわらず何の対応もしなかったということになると，事実を認識していたにもかかわらず何もしなかったわけですから，適切に対応していたとは言えず，**結果回避義務**の観点および自死など**予見可能性**の観点から責任を問われるでしょう。つまり，事実を認識していたにもかかわらず，何も対応しなければ，学校は過失を問われても仕方がないということです。

　ただし，「いじめ防止対策推進法」に則って適切に対応することで，子どもの命や教師・学校が危機に晒されることはかなり抑えられますから，過度に心配したり，怖れたりする必要はありません。記録をとるなどして見える化しながら組織的に対応することが大事です。

# 5 | 具体的ないじめ行為

　具体的には，下記のような心理的攻撃を中心とするいじめと身体的攻撃を中心とするいじめ，金銭を強要するいじめが考えられます。

## (1) 心理的攻撃を中心とするいじめ

　無視から始まって，仲間外れにする，悪口を書いた手紙を回す，ばい菌呼ばわりしてその子が触ったものを受け取らない，侮蔑的なあだ名で呼ぶ，持ち物を汚したり，隠したり捨てたりする，給食を配らなかったり給食にごみ等を入れたりする，家族のことを含めた噂を故意に流す等，多岐にわたります。

　インターネットを使った「ネットいじめ」もこれに属し，近年深刻な問題になっています。悪口を書き込んだり，恥ずかしい画像を拡散させたりするなどのネット上でのいじめは，特定の個人を中傷するものが不特定多数の人に見えるようになっており，誰に読まれているのかもわからない怖さや絶望感をいじめられる者に与えます。

## (2) 身体的攻撃を中心とするいじめ

　軽くこづく，殴る，蹴る，髪を切る，プロレスごっこ，肩パン（挨拶をするふりをして肩を思いっきり叩く），チョウチョ遊び（みんなで一人をチョウチョのようにして持ち上げて揺らし，そのまま一気に床に落とす），失神遊び（頸動脈を押さえて失神させる），座席に虫の死骸を置く，虫を食べさせる，性的な辱め（ズボンを脱がす・自慰行為をさせる）等，多様です。

## (3) 金銭を強要するいじめ

　金銭の強要は，いじめというよりもむしろ犯罪といったほうがよいでしょう。初めは少額の金品の要求をしていても，それに成功すると徐々にエスカレートし，家のお金，すなわち高額のお金を持ってくるように要求したりします。また，万引きなど何らかの犯罪行為を行うよう強要するこ

ともあります。いずれも刑法に触れる犯罪であり，学校だけで解決しようとせず，警察と連携する必要があります。

# 6 社会に影響を与えたいじめ事件

　ここでは，社会に影響を与えた四つのいじめ事件を振り返ります。これらは学校で起こったいじめ事件のうち，社会的に関心が高かったと同時に，文部科学省のいじめ施策等にも影響を与えた深刻な事件です。

## ① 東京都中野区いじめ自死事件 (1986年)

　1986 (S61) 年2月1日，岩手県の盛岡駅ビルのトイレ内で，東京都中野区の公立中学2年の鹿川裕史君 (13歳) が自死しているのが発見されました。「だけど，このままじゃ生きジゴクになっちゃうよ」と買い物袋に書かれた遺書が残されており，彼の自死がいじめによるものだと判明しました。いじめは日常的に行われており，「葬式ごっこ」なるいじめには教師も参加していたのです。

　少年は，中学2年生の1学期半ばから使い走りをさせられる，金を要求される，エアソフトガンの標的にされる，まばたきを制限され守れないと殴られる等，同級生から過酷ないじめを受けていました。欠席が目立つようになった少年は，登校しても職員用トイレに隠れたり，女性教師にかくまってもらったり，保健室に行くことなどが多かったといいます。

　11月，学級では少年が死んだことにして，追悼の色紙を書き，教室で花や線香をあげるという「葬式ごっこ」を行いました。

　この色紙には学級のほぼ全員が寄せ書きし，担任 (57歳) を含む4人の教師も署名していました。そして2月，少年は父親の実家に近い盛岡駅構内で自死したのです。

【事件後】いじめ自死に絡んで初めて教師が処分されました。校長と教頭，葬式ごっこに加わった4人の教諭に減給や戒告処分が，東京都教育委員会から発令されています。担任は，退職金なしの諭旨免職で，校長以下3人の教師が依願退職しました。

## ② 愛知県西尾市いじめ自死事件 (1994年)

1994 (H6) 年11月27日深夜，愛知県西尾市の公立中学校 2 年の大河内清輝君 (13歳) が，自宅裏庭で自死しました。葬儀の日，遺書と日記が机の引き出しから見つかりました。陰惨な暴行や多額の現金を奪われたことなど，いじめの事実が遺書から明らかとなり，社会に衝撃を与えました。

中学校 1 年の 2 学期頃から，少年は学校でカバンを隠されたり，自転車の泥除けを壊されたり，前かごの針金を切られたりもしました。数回，自転車を修理した自転車店店主は同校の教師 2 人に指摘し，教師が少年に尋ねましたが，曖昧な返事しか返ってきませんでした。また，現金 (数百円から数千円) をせびられるようにもなり，2 年生になると，それまで優等生だった少年の成績は落ち始めました。やる気も見えず，不良グループと一緒にいる少年は，教師から見てもよい評価ではありませんでした。いじめはエスカレートし，毎日のように殴られたり，パシリに使われたり，女子トイレに入らされたり，女子生徒がいる前でズボンを下ろしてコンドームをつけ自慰行為を強制されるなどしました。

さらに，それまで要求されていた金額も増え，一度につき万単位で要求され始めたのです。自転車盗難事件に関わっているという刈谷署からの連絡を受けて，学校で三者面談を行ったのですが，その際，少年はいじめを否定しています。また両親は，夜ふらりと出かける少年をおかしいと感じてもいました。自死前日，祖母の財布から 1 万2000円が消え，問い詰めると「ゲームをやって自分で使った」と答えました。正座をし，泣きじゃくる少年を父親は平手で打ちました。自死当日も，グループに呼び出され，金を渡し，深夜自ら命を絶ったのです。

**【事件後】** 愛知県警と西尾署が男子生徒 4 人を恐喝容疑で書類送検し，7 人が補導されました ( 3 人が初等少年院，1 人は教護院 (現児童自立支援施設) に送致の決定がされた)。

事件直後の同年12月，文部省 (当時) はこの問題に関する緊急の対応として，「いじめ対策緊急会議」を開催し，その結果，同会議より，緊急アピールが発表されました。学校・家庭・社会は，社会で許されない行為は

子どもでも許されないとの強い認識に立って子どもに臨むべきであり，子どももその自覚を持つ必要があることなどが，確認されました。

### ③ 福岡県筑前町いじめ自死事件 (2006年)

　2006 (H18) 年10月11日夜，福岡県筑前町公立中学校２年のＡ君 (13歳) の遺体が，自宅の小屋で発見されました。ズボンのポケットなどに複数のメモがあり，「いじめられて，もういきていけない」，「いじめが原因です。さようなら」などと書いてありました。

　いじめの発端は，元担任の「からかい」であることがわかってきました。少年が，中学校１年生の頃に受けていたいじめを，当時，学年主任であった男性担任教師に相談したところ，教師はその相談内容を学級内で漏らしてしまったのです。その結果，いじめはエスカレートしていきました。教師は，この少年がからかいやすく，罵倒していたといいます。

　教師は，日頃から国語の成績別にイチゴの品種にたとえ，上から「あまおう」「とよのか」「とちおとめ」「出荷できない」等とランク分けし，生徒を呼んでいました。また，「お前は太っているからブタだね」などと言い，日頃からいじめを誘発・助長していました。いじめの対象となった少年は，自死当日の放課後，トイレで「死にたい」ともらしますが，本気とはとられず「本気なら下腹部を見せろ」「いつ死ぬとや」「脱がそうや」と言われ，ズボンを脱がされそうになりました。その夜，自ら命を絶ったのです。

【事件後】福岡県警が同級生の14歳３人を書類送検し (福岡家裁３人全員不処分の決定)，刑事責任が問えない13歳少年２人を児童相談所に通告しました。また，元担任教師は，減給10分の１ (１ヵ月) の懲戒処分，校長も同様の減給処分，教頭と２年時の担任教諭は戒告処分とされました。事件の直後に文部科学大臣が「文部科学大臣からのお願い ― 未来ある君たちへ」(2006年11月17日) を発表し，いじめの定義や調査方法も変更されました。

### ④ 滋賀県大津市いじめ自死事件 (2011年)

　2011 (H23) 年10月11日，午前８時過ぎ，大津市公立中学校のＢ君 (13歳)

が，自宅マンション14階の手すりを乗り越え，自死しました。手すりには10メートルにわたって手跡があったといいます。

　少年が自死する前に「自殺の練習をしろ」と言われていたり，自死後に「いよいよ本番いったか」といじめた少年たちが話していたことなどが級友から聞こえてくるなどし始め，やがてマスコミで大きく取り上げられるに至りました。

　自死前の9月の様子です。B君は近視がひどくメガネをかけているのですが，いじめた少年たちはそれを取って回すなどしてからかっていました。こうしたことはほぼ毎日だったといいます。休み時間に廊下で行われるプロレスごっこのようなことは常にやっており，首を絞めたり，B君の上に乗ってヘッドロックをしたりしていました。B君の頭に消しゴムの消しカスをかけたり，配付されたプリントをまるめ，B君の口に入れたりするようなこともありました。

　体育大会当日，拘束ごっことして，B君の手首をはちまきで縛り，通路の柵に後ろ手に結び，口にはガムテープを貼りました。ガムテープでB君の顔・手・足をぐるぐる巻きにしました。また，じゃんけんゲームで蜂の死骸を食べるという罰ゲームをし，じゃんけんで負けたB君が仰向けに倒れ，それを押さえつけて，蜂の死骸をB君の唇に近づけるなどしています。

　また，B君は塾の帰りに「万引きをさせられている。止めようと思って断ったら，○○とかに殴られる」と友人に告げてもいます。

　自死数日前，6限目が終了し，帰りの会が始まる前の10分休みに，B君はトイレで胸ぐらを掴まれ，拳で殴られています。B君はメガネをしたままの状態で，メガネは曲がっており，鼻当てが当たっている部分に傷ができ，血が滲んでいるような状態で，それを見た別の生徒は担任に助けを求めてもいます。

　担任は，こうした事実を知っていたわけです。加害生徒やB君を呼び，事情を聞き，双方の親を呼び出して学年主任と一緒に事情を説明したこともあります。ただ，対応には疑問を抱かざるを得ない点が多く，組織として危機感を持って取り上げられることもありませんでした。

【事件後】当事件を受けて，2013（H25）年6月に「いじめ防止対策推進法」

が国会で成立し，学校や教育委員会等にいじめを防止する責務が明文化されました。また，事件当時14歳だった少年2人は暴行容疑で書類送検され，一人は児童相談所に送致されました。その後，遺族が加害少年らに損害賠償を請求した訴訟がなされました。一審の大津地裁判決（2019〔H31〕年2月）は3,750万円の支払いを命じましたが，二審の大阪高裁判決（2021〔R3〕年1月）では，賠償額は400万円に減額されています。

## ⑤ 岩手県矢巾町いじめ自死事件（2015年）

　2015（H27）年7月5日，岩手県矢巾町で公立中学2年のC君（13歳）が，自ら電車に身を投げ，命を絶ちました。C君は中学1年生のとき，バスケットボール部に所属していましたが，体力および技術面から皆と同等の練習をこなすことが難しく，同学年の部員らから練習中に強い言葉を掛けられたり，失敗を責められたりする言動を受けていました。また2年次のクラス内において，同級生から顔を殴られたり，頭を机に押しつけられたり，わき腹を突かれる暴力を受けるなど，ちょっかい，からかいの対象とされ，心理的物理的な攻撃を受けていました。こうした行為に対し，C君は精神的な苦痛を感じ，生活記録ノートに記載するなどして担任に訴えたり，家族に相談したりしていました。

　C君の周りの教員は，クラスおよび部活動でのC君の周囲で発生した揉め事やトラブルに関して，全く対応していなかったわけではなく，その都度，個別には対応していましたし，熱心に寄り添ってもいたようです。しかし，C君と担任の1対1の関係での対応にとどまった対応が主で，組織的に情報を共有して対応するといったことはなされませんでした。

　C君は1年生の時から生活記録ノートに，当て字で「死」という文字を幾度も記載していました。にもかかわらず，担任はC君の心理状態の深刻さについて思いを馳せ，周りの教員に訴えたり，組織として踏み込んだ介入をしたりすることはありませんでした。C君が「死」という言葉を記載していたことについて，保護者に一度も情報提供しなかったことも，不適切であったと言わざるを得ません。

【事件後】適切な対応をとらなかったことを理由に，岩手県教委は以下の

ような懲戒処分を課しました。男性校長（53歳）減給10分の1（1ヵ月），男性前校長（59歳）戒告，女性副校長（60歳）戒告，当時の担任女性教諭（43歳）戒告。

⑤の事件は「いじめ防止対策推進法」成立後のおよそ2年後に起きました。このため，法ができたにもかかわらず，なぜ事件が防げなかったのかが問題視され，2017年3月に「いじめ防止等のための基本的な方針」が改定されました。さらには，**「いじめの重大事態の調査に関するガイドライン」**も策定されました。

具体的には，重大事態の事実関係や必要な情報について，児童生徒や保護者に適切に提供しなければならないことや，児童生徒や保護者からいじめにより重大な被害が生じたという申し立てがあった時は，その時点で学校が「いじめの結果ではない」あるいは「重大事態とはいえない」と考えたとしても，重大事態が発生したものとして，報告・調査等にあたることなども示しています。

# 7 過去に起きた事案を検証する意味

上記の事案を読んでいくと，みなさんはきっと「なぜその先生は気づかなかったのだろうか……」と疑問を抱いたり，対応しなかった教師に対して怒りを覚えたりするのではないでしょうか。文章を読みながら冷静に事案を振り返れば，何がまずかったのかその原因を述べたくなるでしょうし，「ああしたらよかったのに」「こうすべきだった」と指摘したくなったり，「なぜ……」と非難したくなったりもするでしょう。

ここで問いたいのは，自分がその渦中にいたら，果たしてどれだけそのことに気づけるのだろうかということです。静かに過去の事例を取り出して考えてみれば，あれこれ批判できますが，果たして自分がその場のノリに巻き込まれることはないと言い切れるでしょうか。いじめている子どもと一緒になって，正義を振りかざし，いじめられている子どもを追い詰めることはないと言い切れるでしょうか。

　教室では，時間の流れの中で次々と子どもの動きが転じ，複数のことが同時に発生します。そんな中で，文脈を読み取り，即座に判断して，即興的に対応しなくてはならないのが教師の仕事です。教師になれば，人としてどうかを問われる瞬間が必ず，そして突然に訪れます。その瞬間に向けて，当事者意識を持って過去に起きた事案を真摯に振り返らなければ，事案を検証する意味はありません。

# 8 ｜ 人をいじめる時

　人間は，自分の心が満たされない時に人をいじめてみたい衝動に駆られます。人は，か弱いもので，自分が満足できない状態にあると，周りにいる者に，そのエネルギーを負の形で向けたくなるのです。

　無意識のうちに疑似快感を求めているのでしょう。疑似快感とは，真の快感ではなく，自分をごまかして一時的に満足感を得る感覚のことです。人はみな，自分の存在を確認したいと思い，自己肯定感を得たいと願っています。自分が生きていることを確認するために快感を得たいと無意識のうちに考えているのです。しかし，真の快感が得られなくなると，いじめに駆られやすくなります。

　あるいは，友達からの同調圧力（ピア・プレッシャー）により，自分もいじめに加わらなければ，今度は自分がいじめの対象になるかもしれないという危機感からいじめに加わることもあります。ただ，やはりそれは，いじめを受けている側にとっては苦痛を感じることです。事によっては人権侵害ともいえるものですし，犯罪に相当することもあります。

　いじめを題材にした絵本『わたしのいもうと』（松谷, 1987）のあとがきに，松谷は自身について「ある時期，わたしもいじめにあっている。その辛さは，地獄の底をはうようであった。幼い日の記憶に，あれはたしかイソップだったと思うのだが，池のカエルが子供にさけぶのである。『おねがいだから石を投げないで。あなたたちには遊びでも，私には命の問題だから』わたしもさけびたかった」と回顧しています。

　いじめている子どもはいじめを軽く考えがちですが，いじめられる者に

とっては夜も眠れないほど深刻なものです。立場が違えば，感じ方が全く違います。自分の軽い行為によって他者がどれほどダメージを受けるのかに気づくことができるよう，教師はさまざまな角度から迫る必要があります。

# 9 いじめは見ようとしなければ見えない

　気づかないうちに教師がいじめを誘導していることがあります。いじめを誘導するというのは，もちろん積極的にいじめを肯定しているわけではないのですが，教師としていじめを誘導するような不用意な発言をしていることがあるのです。教師自身が子どもに人として敬意を払い，自分自身の言葉遣いや態度に気をつかうことはとても大事です。教師が子どもに敬意を払わず，見下した発言を繰り返すうち，他者をばかにしてよい雰囲気が教室の中に蔓延してしまうからです。

　例えば，担任教師が障害のある子どもに対して配慮のない言葉や態度で注意をすると，何げない教師の発言であったとしても，「先生も言ってるんだし……」というように，教室全体を知らず知らずのうちにいじめへと誘導してしまうことがあります。教師は自分の置かれた立場と教室全体に与える影響を自覚することが大切です。

　同時に，よいことはよいという正義感に充満した雰囲気，すなわち規範意識を意図的につくっていくことが，地味なこととはいえ大事です。森田の作成した「いじめ集団の構造図」(1994)に筆者が手を加え，「教室のいじめ構造」として，**図2**に示しました。教室に存在する他者をばかにしがちな雰囲気や不十分な規範意識が，いじめを誘発してしまうことを強調しました。立場の入れ替わりが激しく，誰が次の被害者になるのかわからない標的交代型のいじめもあります。

　SNSを使ったいじめも増えており，外からはなお一層見えにくくなっています。とはいえ，いじめの重大事案を振り返ると，担任教師の目の前で起きているのに，気づけないことが悔やまれます。「いじめは，見ようとしなければ，見えない」のです。

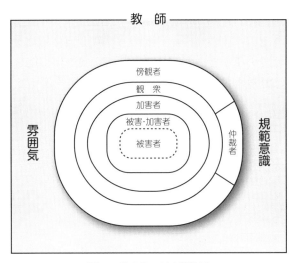

図2　教室のいじめ構造図

〈出典〉森田洋司『いじめ』（金子書房，1994年，p.51）をもとに筆者が作成。

# 10 ｜ いじめの事後対応

　いじめが起きてしまったら，その内容にもよりますが，担任一人で対応するのではなく，情報を共有し，組織的に対応するのが鉄則です。先に見たように，「いじめ防止対策推進法」が成立した後の2015（H27）年7月，岩手県矢巾町で中学2年生の男子生徒が，いじめによって自死しました。この男子生徒は担任の先生に相談していたにもかかわらず，死を選んでしまったのです。

　担任の先生は，丁寧に対応していたと言いますが，一人で抱え込んでいた点において，まずさがあったことは否定できません。いじめを含め，子ども同士のトラブルを一人の目で判断すると，たとえその教師が一生懸命解決しようと努力していたとしても，気づかぬうちに方向を見失い，対応を誤ってしまうことがあります。

　自分の見方が，必ずしも正しいわけではありません。子ども同士の小さな諍いであっても気になれば，同僚に相談しましょう。違う視点から指摘

を受け，方向性の誤りに気づくことも少なくありません。大事なことは，教師の面子を保つことではなく，いじめの被害に遭っている子ども，そして加害者となっている子どもを守ることです。実際に，いじめが起こったら，下記のような流れで対応します。

---

### いじめ対応の流れ

① 授業等にかかわるすべての教員で様子を見て，係が集約し，方針を確認する。
② 加害者，被害者そして周りの友達，それぞれから事情を聴く。
③ 教員間で情報を共有し，その問題を見ていくための体制を確認したら，それに沿って対応し，**定期的に**報告し合う。
④ 被害者と**定期的に**面談を行う。
⑤ 被害者の周りの友達と**定期的に**面談を行う。
⑥ 加害者と**定期的に**面談を行う。
⑦ 被害者の保護者を**定期的に**家庭訪問して様子を聴き，報告を行う。
⑧ 加害者の保護者を家庭訪問して，様子を聴き，報告を行う。
⑨ 効果がなければ，必要に応じて体制を見直す。

---

〈出典〉吉田順『その手抜きが荒れをまねく』（学事出版，2016年，p.157）を参照し，筆者が作成。

　ポイントは，「定期的に」です。一度話を聴いて終わるのではなく，話を聴く場を継続して設けることが，いじめの解消には効果をもたらします。そのことで，「ずっと大人に見守ってもらっている」，「ずっと大人は見ている」ことを子どもに示します。
　学校の対応を保護者に説明することも忘れてはいけません。加害者の保護者を含めて，いじめにかかる経過を説明することが，説明責任の点からも，お互いの信頼関係を強固なものにするうえでも大事です。

# 11 いじめ防止策

　いじめ防止の方策は，どのように考えたらよいのでしょうか。答えは簡単ではありません。いじめだけに特化して指導しても効果がないからです。「いじめはいけない！」と毎日教師から言われたとしたら，子どもはきっとうんざりするでしょう。
　まずは学校や教師は子どもの発するエネルギーを負から正へと転換させ

るような戦略をとることを意識しましょう。子どもが，疑似快感ではなく，心から快いと感じ，自己肯定感を高める活動を工夫しながら実行します。つまり，自己有用感を持たせ，自尊感情，自己効力感を高める生徒指導上の仕掛けが求められるのです。

　例えば，子どもが夢中になれる活動を充実させること，あるいは子どもが夢中になり，満足感を得るような部活動や学校行事を組んでいくこと，学級や学校で必要とされていると思えるよう子どもに役割を与えることもその方策となり得ます。また，学校生活で最も多くの時間を占める授業を魅力的なものにし，授業の中で満足感を持ってもらうことも，有効な方策だといえるでしょう。

　続いて，具体的な策が必要になります。いじめは，いけないことだとわかっていても，気づかぬうちにしてしまうものでもあり，自分の行為がいじめであることに気づいていない場合もあります。このため，学校全体であるいは学級全体で，いじめは許されないものであるということを日常的に確認するようにします。

　以下に具体的方策をいくつか示しました。実態に即して，実施可能なものを採用してみてはどうでしょうか。

## 【具体的方策の例】

■ 定期的，継続的ないじめをテーマとする教職員研修を実施する。

■ 学校全体および教職員は，いじめは絶対にだめだと公言する。

■ いじめ防止のポスター等を作成し，掲示する。

■ いじめ防止プログラム（構成的グループ・エンカウンターやロールプレイ，「ノー」と言うことのできるアサーション・トレーニング，劇）を作成し，実行する。

■ 各学校，各クラスでいじめに関する規則を子どもと一緒につくる。

■ プログラム作成にかかわって，子どもの視点が不可欠なため，可能な限り子どもを巻き込み参加してもらう。

■ いじめアンケートを定期的に行う（防止にもなる）。※実施後は保存に注意（第5章6（2）参照）。

■ 子どもや親，教職員，保護者へのいじめに関する広報を定期的に行う。

- 授業（道徳等）でいじめの問題をテーマとして取り上げ，話し合う。
- いじめの視点から授業研究を行う（授業のまずさがいじめを招いている場合もある）。
- いじめは学校の行き帰りにも生じるため，学童保育，各運動クラブの職員，警察等とも連携する。

# 12 いじめ重大事態とは

　「いじめ防止対策推進法」第28条で規定されているいじめ重大事態には，「生命心身財産重大事態」と「不登校重大事態」の二つがあります。

| 生命心身財産重大事態 | いじめにより当該学校に在籍する児童等の生命，心身又は財産に重大な被害が生じた疑いがあると認めるとき |
|---|---|
| 不登校重大事態 | いじめにより当該学校に在籍する児童等が相当の期間学校を欠席することを余儀なくされている疑いがあると認めるとき |

　2017（H29）年３月に改定された「いじめ防止等のための基本的な方針」では，子どもや保護者から，いじめにより重大な被害が生じたという申し立てがあった時は，その時点で学校が「いじめの結果ではない」あるいは「重大事態とはいえない」と考えたとしても，重大事態が発生したものとして報告・調査等にあたるよう示されています。調査をしないまま，いじめの重大事態ではないと学校が勝手に判断してはなりません。

　図３は，「いじめ防止対策推進法」に基づくいじめ重大事態の発生件数の推移を表したものです。重大事態が生じた場合は，中立的な立ち場にある学識経験者や弁護士等から構成された「第三者調査委員会」が調査を行うこともあります。

　もし「いじめ防止対策推進法」がなかったとしても，学校には安全配慮義務が求められます。**安全配慮義務**とは，子どもが安全に学校生活を送ることができるように配慮することを言います。いじめ重大事態が発生した場合，「**予見可能性**（予見できたか）」や「**結果回避可能性**（回避できたか）」等の

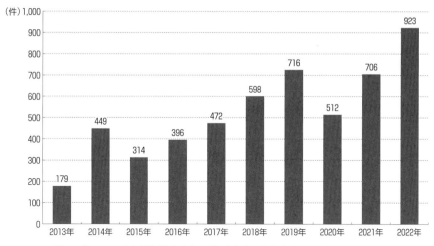

**図3　「いじめ防止対策推進法」に基づく重大事態事案の発生件数の推移**

〈出典〉文部科学省初等中等教育局児童生徒課「令和4年度 児童生徒の問題行動等生徒指導上の諸課題に関する調査結果の概要」に基づき筆者が作成。

観点から，学校の安全配慮義務が果たされていたのかどうかが問われることになります。

## 13 いじめ予防エクササイズ

　いじめ予防エクササイズは，下記のような事例を示したうえで，エクササイズ1～3を連続して行い，いじめをどの立場で見るかによって，いじめに対する見方が大きく異なることを体験してもらうものです。

### 事例

　翔は中学校に入って以来，毎日のように同じクラスの健太，諒，太一の3人から，呼ばれると恥ずかしいあだなで呼ばれたり，容姿や親のことをひやかされたり，カバンを隠されるなどのいじめを受けていました。
　2年生になった頃からは，健太，諒，太一から，理由もなくいきなり殴られたり，お金を要求されて払わされたりするようになりました。翔は自分のお小遣いや家のお金を持ち出すなどして渡していましたが，高額なお

金を要求されるようになったため，勇気を出して断りました。

　すると，人気のない場所に連れて行かれ，顔面を数発殴られ，腹を数発蹴られ，倒れて動けなくなってしまいました。健太，諒，太一は，翔をそのままにして立ち去りました。

## エクササイズ1

　いじめの事例を読み，自分の気持ちを書いてみよう。

　まず，質問用紙Aを渡し，回答を求めます。質問用紙Aには次のように書かれています。

「質問用紙A」

　あなたは，翔のことをどう思いますか。

## エクササイズ2

　次に，質問用紙Bを渡し，回答を求めます。質問用紙Bには次のように書かれています。

「質問用紙B」

　あなたが，翔だとしたらどんな気持ちだったと思いますか。

## エクササイズ3

　最後に，質問用紙Cを渡し，回答を求めます。質問用紙Cには次のように書かれています。

「質問用紙C」

　あなたが，翔の家族（父親や母親，兄弟）だとしたらどんな気持ちになりますか。

　このエクササイズは，エクササイズ1，次にエクササイズ2，最後にエクササイズ3を順に行うもので，いじめを受ける対象が，三人称から一人称，そして愛する二人称へと移行することによって，自分の気持ちに変化が生じることを体感してもらうものです。いじめを第三者の目で見ているときと，愛する大事な人がいじめの対象になっているときでは，受け止め方が大きく違うことを実感することができます。

> **コラム10**　**弁護士さんの仕事に学ぶ　その１**（第14章に，その２）
>
> 　スクールロイヤーである弁護士さんの仕事ぶりを見ていると，生徒指導に参考になる点がたくさんあります。例えば，**図４**「生徒指導上の岐路チャート」に見るように，岐路で場合分けしながらフローチャート的な思考法をとっている点です。どちらかを選択すればこうなり，他方を選択すればああなるといった具合に。勘ではなく論理的に思考・判断しています。弁護士さんなので職業柄当たり前かもしれませんが，この思考法は生徒指導を行う際にも活かせるはずです。

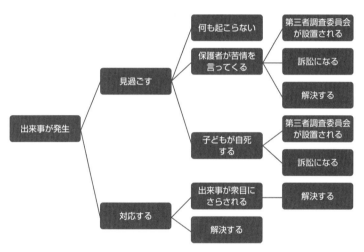

図４　生徒指導上の岐路チャート

- - - - - - - - - - - - - - - - - - - - - - - - - - - - - - - - - - - - - - - - - - - - -

**演習**　A子は中学１年生の女子です。発達障害の診断を受けており，こだわりが強い生徒です。４月半ば授業中に周りの友達がA子をバカにする発言が見られました。バカにされたA子はパニックに陥ってしまいました。その場面を見たあなたは担任としてどうしますか？　上記の「生徒指導上の岐路チャート」を参考に，まずは一人で考え，そのあと友達と意見交流してみましょう。

［注］本章の執筆にあたっては，仲谷仁志弁護士・浦本賢聖弁護士（神戸市教育委員会 学校法務専門官）より助言をいただいた。

## 第10章

# 不登校

## 1 | 子どもが学校を欠席する理由

　子どもはいろいろな理由で学校を欠席します。下記に一部を示してみましたが，さまざまな理由が考えられます。

・その日たまたま熱が出た
・友達とうまくいかない
・いじめられている
・昼夜逆転の生活で朝起きられない
・学校の環境（制服の着用など）がそもそも合わない
・担任の先生と合わない
・家でネグレクトされていて食事がときどきしかとれない
・風呂に入っておらず学校に行きづらい
・家で身体的暴力（虐待）を受けていて傷跡を人に見られたくない
・親の介護などをしなくてはならない
・親が精神性疾患で子どももその影響を受けている
・学校の勉強が簡単すぎてつまらない……など

　教師になる人は，子どもの頃，学校を欠席することがあまりなかったのではないでしょうか。自分自身が経験したことがないと，「欠席する子どもは怠惰である」など，ステレオタイプな見方をしがちです。
　欠席する背景にはいろいろな事情がありますから，表面だけを見て判断

するのはよくありません。2015 (H27) 年 2 月に川崎市で不登校中の中学 1 年生の男子生徒が遊び仲間に殺害された事件が発生しましたが，欠席は子どもの命につながることもあります。確認を怠らないようにしましょう。

## 2 | 不登校の歴史

　海外の不登校の歴史を見ると，研究としては1932年にアメリカのブロードウィン (Broadwin) が，怠け・怠学とは異なり，学校に行きたくても行けない神経症的な子どもがいることを指摘しており，このあたりが起源だと思われます。1960年には，アメリカのハーゾフ (Hersov, L. A.) が，「non-attendance at school」という表現で，不登校を表しています (内田, 2006)。

　かつてわが国では，「学校恐怖症」や「登校拒否」という言い方をしていた時代もありましたが，現在では，**病気や経済的理由を除いて年度間** (1 年間) **に30日以上欠席**したことを指して「不登校」と呼んでいます。文部科学省が理由別欠席者数を調べる学校基本調査を行っており，その統計項目の一つとして不登校の項目が使われていることによるものです。

　具体的には，「**何らかの心理的，情緒的，身体的，あるいは社会的要因・背景により，児童生徒が登校しないあるいはしたくともできない状況にある者**（ただし，病気や経済的理由によるものを除く）」（文部科学省 初等中等教育局児童生徒課）を計上します。

## 3 | 不登校に対する考え方の転換

　不登校としてカウントされる子どもの数は，2022 (R4) 年度で，小中学校で約30万人，さらに高等学校で 6 万人を超えるなど，**図 1** に見るように増加傾向が続いています（小中高合わせると約36万人）。

　こうした事態に対して文部科学省は，2016 (H28) 年および2019 (R元) 年に，通知「不登校児童生徒への支援の在り方について」を出しました。それらにおいて「不登校とは，多様な要因・背景により，結果として不登校状態になっているということであり，その行為を『問題行動』と判断して

はならない」ことや支援の視点として「『学校に登校する』という結果の
みを目標にするのではなく，児童生徒が自らの進路を主体的に捉えて，社
会的に自立することを目指す必要がある」ことを示しました。かつては，
学校復帰が重要視されていましたが，考え方が大きく転換したことになり
ます。2016 (H28) 年には不登校児童生徒に多様な学びの場を提供すること
を目的とした「**教育機会確保法**」も成立しました。

　さて，不登校の子どもが増えているとは，一体どういうことでしょうか。
学校に行けない理由はいろいろあるでしょうが，通常の学校では合わない
ということを表明する子どもが増えているということです。そして，それ
が異常なことではなく，ごく普通のことになってきたということです。そ
うであれば，通常の学校では合わない子どもも通える多様な学校をどのよ
うに用意すればよいのか，知恵を絞って議論する必要があるでしょう。安
心して学べる多様な場所や空間を大人の責任として公的に用意していくこ
とが求められます。

　2023年３月，増え続ける不登校に向けて，文部科学大臣は「誰一人取り

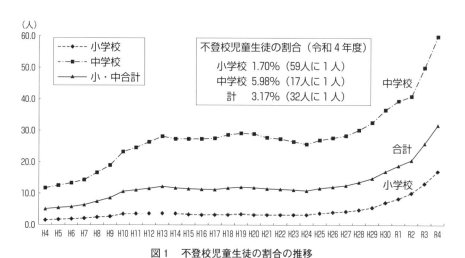

**図１　不登校児童生徒の割合の推移**

〈注〉調査対象：国公私立小・中学校（小学校には義務教育学校前期課程，中学校には義務教育学校後
　　　期課程及び中等教育学校前期課程，高等学校には中等教育学校後期課程を含む。）
〈出典〉文部科学省初等中等教育局児童生徒課「令和４年度 児童生徒の問題行動・不登校等生徒指導上
　　　の諸課題に関する調査結果について」令和５年10月４日

残されない学びの保障に向けた不登校対策」として **COCOLO** (Comfortable Customized and Optimized Locations of learning) **プラン**をとりまとめました。「根底には，子供たち一人一人の人格の完成や社会的自立を目指すための，学校や学びの在り方が問われている」というのが，大臣のメッセージです。

　COCOLO プランでは，以下のことに取り組み，不登校により学びにアクセスできない子どもたちをゼロにすることが目指されています。

---

1　不登校の児童生徒全ての学びの場を確保し，学びたいと思った時に学べる環境を整える
2　心の小さな SOS を見逃さず，「チーム学校」で支援する
3　学校の風土の「見える化」を通して，学校を「みんなが安心して学べる」場所にする

---

　具体的には，**学びの多様化学校**（7で後述）や**校内教育支援センター**の設置を促進したり，文部科学大臣を本部長とする**「誰一人取り残されない学びの保障に向けた不登校対策推進本部」**を文部科学省に設置したりして，こども家庭庁等と連携して取り組みの改善を図り，不登校への取り組みを一層充実させることを目指しています。

# 4 ｜ 不登校に陥りやすい時期やきっかけ

　不登校には，陥りやすい時期というのもあります。最も陥りやすいのは，いわゆる中 1 ギャップが問題となる中学校に入学してすぐの段階です。**図 2** に見るように，不登校者数が小学校 6 年生から中学校 1 年生にかけて急に増えることがわかっています。小学校と中学校とでは，学校や教員の醸し出す雰囲気や文化が大きく異なることに加え，部活動が本格的に開始されるなどして，対人関係が難しくなることも背景にあります。

　不登校のきっかけとしては，友人や担任教師との関係がうまくいかないことや昼夜逆転による生活リズムの乱れ，勉強がわからないといった学業不振によるものが多いのですが，家庭環境が複雑であることによって，学校に行く意味が見出せなかったり，不安感が強くて登校できなかったり，

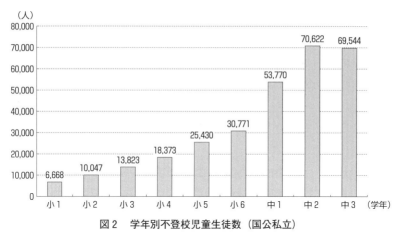

（人）

図2 学年別不登校児童生徒数（国公私立）

〈出典〉文部科学省初等中等教育局児童生徒課「令和4年度 児童生徒の問題行動・不登校等生徒指導上
の諸課題に関する調査結果について」令和5年10月4日

親から学校に行かせてもらえなかったり，積極的に不登校を選択していた
りと，さまざまな事情が背景にはあることもあります。それらは担任だけ
で解決できることではありませんし，どうすることが本人にとって正しい
のかの判断も難しいです。SCやSSW等と連携するなどして，結論を急
ぎ過ぎないようにしましょう。

# 5 初期対応

　**不登校に対する初期対応は重要**です。これは，子どもが休み始めた段階
でどうにかして学校に来させるなどという意味ではありません。背景にい
じめがある場合など，初期対応がうまくいけば不登校にならなくても済む
ケースが少なくないからです。
　何日か休むと子どもは，「友達は自分のことをどう思っているだろう
か？」「次に学校に行ったら，無視されないかな？」などと深く悩むと言
います。そして欠席したことでなお一層学校に行けなくなるという悪循環
に陥るようです。子どもは大人が考える以上に友達の目を気にしています。
いったん，学校に来られなくなってしまうと，そこから再度登校するには，

相当のエネルギーを要しますし，時間もかかってしまいます。

　子どもは，学校に来たくない理由を自分で言葉にするとは限りませんし，言いたいことをうまく表現できないと考えておいたほうがよいでしょう。とりわけ，性的ないじめを受けていたり，保護者から虐待されたりしている場合などは，子どもに聞いても「別に……」などと，ポーカーフェイスでうまくかわされてしまうこともあります。子どもの背後にあるものを含めて，慎重に見ようとしなければ見えてきませんし，見過ごせば取り返しがつかなくなることもあります。不登校の初期対応は特に重要です。

## 6 | 不登校の子どもへの支援

　誰しも人とかかわるのに疲れて一人になりたくなって友達や学校と距離をとりたくなる時もありますし，そのこと自体，不自然なことではありません。取り巻く環境によっては，どの子どもにも不登校は起こり得るものです。

　教師の不登校の子どもへの家庭訪問については慎重に考えたほうがよいでしょう。「先生がうちに来てピンポンするのはこわい。会いたくないから学校に行かないんです。それなのに，家まで追いかけて来られたら本当に怖い」という声を聞くこともあります。

　こうした家庭訪問やこれまでの学校では当たり前とされてきたことについては，変えたほうがよいこともあります。登校したかしなかったかに一喜一憂せず，子どもに聞きながらあれこれやってみて，問題が出てきたら一緒に考え，変えられることは変えていったらよいのではないでしょうか。

　そもそも不登校になる子どもがすべて，人とかかわりたくないというわけではありません。しばらく休めば行けるようになる子どももいますし，環境が整えば行ける子どももいます。一例ですが，教室や廊下の端っこにちょっとした衝立があれば，一人になる空間ができるので解決するケースもあります。対応は個々によって異なるので，この点とても難しいですが，子どもを学校に引き戻すことだけをゴールにする対応とは決別し，その子どもの人生にとって何が良いのか一緒に模索することが大切です。

SC や SSW はもちろんのこと，必要に応じて精神科医・支援団体等の専門家の相談を受けることも解決の糸口になります。さらに，保護者が自治体の相談センターや NPO の訪問支援を請け負う団体を利用したり，自助グループの組織に参加したりする方法もあります。

# 7 学びの多様化学校（いわゆる不登校特例校）

　学びの多様化学校（いわゆる不登校特例校）とは，文部科学大臣が指定する学校で，学習指導要領の内容などにとらわれずに，不登校状態にある子どもの実態に配慮した特別な教育課程を編成し，教育を実施している学校のこ

表 1　学びの多様化学校（いわゆる不登校特例校）一覧（2023 年 4 月時点）

| 学校名 | 管理機関 | 所在地 |
|---|---|---|
| 八王子市立高尾山学園小学部・中学部 | 八王子市教育委員会 | 東京都八王子市 |
| 京都市立洛風中学校 | 京都市教育委員会 | 京都府京都市 |
| 星槎中学校 | 学校法人国際学園 | 神奈川県横浜市 |
| 鹿児島城西高等学校 普通科（ドリームコース） | 学校法人日章学園 | 鹿児島県日置市 |
| 東京シューレ葛飾中学校 | 学校法人東京シューレ学園 | 東京都葛飾区 |
| 京都市立洛友中学校 | 京都市教育委員会 | 京都府京都市 |
| NHK学園高等学校 | 学校法人NHK学園 | 東京都国立市 |
| 星槎名古屋中学校 | 学校法人国際学園 | 愛知県名古屋市 |
| 星槎もみじ中学校 | 学校法人国際学園 | 北海道札幌市 |
| 西濃学園中学校 | 学校法人西濃学園 | 岐阜県揖斐郡 |
| 調布市立第七中学校はしうち教室 | 調布市教育委員会 | 東京都調布市 |
| 東京シューレ江戸川小学校 | 学校法人東京シューレ学園 | 東京都江戸川区 |
| 福生市立福生第一中学校 | 福生市教育委員会 | 東京都福生市 |
| 星槎高等学校 | 学校法人国際学園 | 神奈川県横浜市 |
| 岐阜市立草潤中学校 | 岐阜市教育委員会 | 岐阜県岐阜市 |
| 大田区立御園中学校 | 大田区教育委員会 | 東京都大田区 |
| 宮城県富谷市立富谷中学校 | 富谷市教育委員会 | 宮城県富谷市 |
| 大和市立引地台中学校 | 大和市教育委員会 | 神奈川県大和市 |
| 三豊市立高瀬中学校 | 三豊市教育委員会 | 香川県三豊市 |
| 世田谷区立世田谷中学校 | 世田谷区教育委員会 | 東京都世田谷区 |
| 白石市立白石南小学校・白石市立白石南中学校 | 白石市教育委員会 | 宮城県白石市 |
| 大和郡山市立郡山北小学校 分教室「ASU」 | 大和郡山市教育委員会 | 奈良県大和郡山市 |
| 大和郡山市立郡山中学校 分教室「ASU」 | 大和郡山市教育委員会 | 奈良県大和郡山市 |
| ろりぽっぷ学園小学校 | 学校法人ろりぽっぷ学園 | 宮城県仙台市 |

〈出典〉文部科学省初等中等教育局児童生徒課生徒指導室

表2　京都市立洛風中学校の1日の流れ

| 時　間 | 活　動　内　容 |
|---|---|
| 9：30～9：50 | はじまり　朝の風（朝の時間） |
| 9：50～10：40 | 1時間目（50分の授業） |
| 10：40～10：50 | 休憩 |
| 10：50～11：40 | 2時間目（50分の授業） |
| 11：40～12：50 | 昼食・休憩・清掃（12：00までは校舎内で過ごす） |
| 12：50～13：40 | 3時間目（50分の授業） |
| 13：40～13：50 | 休憩 |
| 13：50～14：40 | 4時間目（50分の授業） |
| 14：40～14：50 | 休憩 |
| 14：50～15：10 | 5時間目（20分の授業）：毎日の振り返り |
| 15：10～15：20 | おわり　明日の風（終わりの時間） |

月火金は16：30に，水木は15：30に学校を出ます。
〈出典〉洛風中学校パンフレット

とです。現在，表1に見るように全国に24校あります。

　「義務教育の段階における普通教育に相当する教育の機会の確保等に関する法律（教育機会確保法）」第10条で，国及び地方公共団体は，学びの多様化学校の整備及び当該教育を行う学校における教育の充実のために必要な措置を講ずることが努力義務となっています。

　学びの多様化学校の一つを見てみましょう。京都市立洛風中学は2004（H16）年の開校です。この学校は，国の構造改革特区制度を活用し，学習指導要領を弾力化しているため，総授業時数が通常よりはるかに少なくなっています。また，授業開始時間も9時半からと通常より遅く始める設定にして，朝の登校をややゆったりとさせています（表2）。

# 8 ｜ 不登校のケース会議例

　**ケース会議**とは，関係者で会議を行い，子どもの課題を把握し，担任や学年教員等がどのように働きかけるのがよいのかアセスメントすることです。ケース会議の場は，提案者に安心感を与える場でなくてはなりません。また，成育歴や家庭の状況等の内容を含む会議ですので，参加者には守秘

義務が求められます。

　さて，以下はケース会議に挙がった事例です。実際，関係者は下記のような事例について，ケース会議を開きます。ケース会議では，子どもにとって最もよい方法や学校全体で継続的に支援していく方法について模索していきます。

## 【不登校の事例】

　洋介君は，公立中学校の2年生です。所属するバレーボール部では最も上手で，みんなにも一目置かれています。洋介君がバレーを始めたのは7歳の時でした。お母さんがバレーボールの選手だったのです。お母さんは実業団で活躍するほどの腕前でした。洋介君が，生まれてからはママさんバレーで汗を流していました。そんなお母さんに憧れてボールに触っているうちにバレーを始めていたというのが，洋介君とバレーとの出会いになります。その後，洋介君は，才能に恵まれていたこともあって，めきめき上達し，地方代表メンバーにも選ばれるほどの腕前になりました。

　そんな腕前ですので，中学での部活では，中心的位置を占め，みなのリーダーシップをとっていました。ただ，洋介君は練習熱心で自分にも厳しいのですが，友達にも厳しく，バレー上達のためには妥協を許さないタイプの生徒でした。友達が事情があって部活を休むと翌日は厳しく非難しましたし，試合でミスが続くと「どうしてできないのか。練習量が足りないんだ」と言って，友達を叱責し，鼓舞しました。

　そんな洋介君を部活の仲間は次第に疎ましく感じるようになりました。一人，二人と洋介君と距離を置きはじめ，「おれは洋介とは違うからな」とか，「洋介ほどうまくなくてすみませんね」とか，冷たい言い方をする子が出てきました。友達づきあいはだんだん減り，やがて孤立してしまい，2年生が終わる頃には，洋介君は学校に行かなくなってしまいました。

　担任の先生が家庭訪問をすると，日によっては出てきますが，出て来ない日もあります。夕方，電気もついているし，自宅にいることは間違いないようです。

　両親は，洋介君が3歳の頃に離婚したそうです。理由ははっきりわかり

ませんが，家庭訪問の際に父親から母親へのDV（Domestic Violence：家庭内暴力）があった話がほんの少し母親の口から出たのを担任は覚えています。

　きょうだいは，妹が一人います。母親は仕事で遅くなったり，休みの日も出勤したりすることが多く，このため，洋介君は不登校になった今，家で一人で過ごしています。

　もうすぐ中学3年になるため，洋介君自身，進路も気になり始めていますが，学校でまた友達に会うのも苦になって，現状を打破できずにいます。不登校が始まってから，もう3カ月ほどたっており，母親もこのまま中学校を卒業すれば学業も終わるのかと，進路を心配しています。

## 9 児童生徒理解・支援シートの活用

　「児童生徒理解・支援シート」とは，文部科学省が考案したもので，不登校の子ども一人ひとりの状況を適切に把握するためのシートのことです。当該の子どもの置かれた状況を関係機関で情報共有し，組織的・計画的に支援する目的で，学級担任や養護教諭，SC，SSW等を中心に，学校が組織として作成します。

　一人の子どもを例に挙げれば，不登校の状態のまま，担任が替わることがよくあります。さらには，前担任が転勤で他の学校に異動することもあります。そうすると，不登校の子どもの状況がうまく次の担任に引き継がれず，継続的な支援ができなくなってしまいます。そのようなことも防げますし，「児童生徒理解・支援シート」に記録すれば，組織的・計画的に支援するための手立てとして役立てることができます。

　表3は，児童生徒理解・支援シートの一部です。そのまま使ってもよいのですが，利用者がカスタマイズし，実態に応じて使いやすいように変更して用いてもかまいません。このようなケース会議等で作成する支援シートは**記録にもなりますので，5年間保存**します。

表3　児童生徒理解・支援シート

日付
記録者

| 学年・組 | 名前 | 参加者・機関名 |
|---|---|---|
|  |  |  |

○本人の意向

○保護者の意向

○関係機関からの情報

○支援状況

| 支援目標 | | |
|---|---|---|
|  | | |
| 機関・分掌ごとの役割分担 | 短期目標 | 経過・評価 |
|  |  |  |
|  |  |  |
|  |  |  |
|  |  |  |
|  |  |  |
|  |  |  |

○確認・同意事項

○特記事項

## コラム11　不登校を経験した学生

　中学時代は不登校だった大学生に，なぜ不登校になったのか振り返ってもらいました。その学生は，模範的生徒でもあったため（誰からもそう見えていたとのこと），担任の先生が次から次に彼女に仕事を課したそうです。初めはニコニコと受け入れ，まじめに取り組んだそうですが，そのうちこなせなくなって，糸が切れた凧のようになり，ついに学校に行けなくなってしまいました。

　担任の先生は彼女に期待していろいろ任せたのでしょうが，責任感の強い彼女には過度な負担になって疲れたのでしょう。本人が言うには，その時なぜ自分がしんどくなったのか自分でもよくわからなかったそうです。子どもにとって困った状況を言葉にしたり，自身を俯瞰したりすることは大人が考えるより難しいことだと彼女は教えてくれました。

　通信制の高校から大学に進学したその学生は，今では中学校教諭として活躍しています。うまく言葉で表現できない子どもにも寄り添うことのできる先生にきっとなっていることでしょう。

## コラム12　『からすたろう』

　筆者は，『からすたろう』の絵本を授業で読むことがあります。「どんな子どもでもよいところがある。子どものよいところを引き出すのがプロの教師」，そうこの絵本の読み聞かせをするたびに思います。

　同じ子どもでも担任によって全く違った光の当てられ方をされることが，この本を読むとはっきりわかります。同時にいじめを陰で誘ってしまうのも教師だということ，それに教師という職業の恐ろしさや素晴らしさもいやというほど伝わってきます。

**演習**　自分の担当する学級で，欠席が2日続く子どもが出てきました。さて，あなたならどう動きますか。具体的な動きを考えてみましょう。

# 第11章

## 学級経営と授業

学級経営や授業を上手に行うにはどうしたらよいでしょうか。子どもにおもねって気に入られようとしたり，反対に上から厳しく管理しようとしても，すぐに子どもに見透かされてしまいます。そんなあさましい気持ちは捨てて，まずは自分のスタンスを整えましょう。子どもに気に入られたい気持ちも，子どもをコントロールしたい気持ちもわからないではありません。でも，そこからスタートすると，学級も授業も誤った方向に行ってしまいます。

## 1 | 学級は子どもたちを育むための場

子どもは友達と遊びたい，人とかかわりたいと思って学校に来ます。人とかかわることの意義について，教育学者の折出 (2018) は，「人間には元々他者を認めてその他者と分かち合おうとするアザーリング能力が備わっているのではないか」と述べています。

アザーリングとは，何でしょうか。的確には「自己意識が自分とは別の独立した存在である他者と向き合うことで今までの自己ではなくなり，すなわちそこに生じる否定の契機を介して自己自身を知り，自己意識として存在しつつも新たに他なる状態に移行すること」です (折出，2001)。

われわれは他者と出会い交流すると，自己を否定されることもありますがその否定は自分を知ることでもあり，今とは別の新たな自己に変化することを促すことにつながります。そのことこそがさまざまな活動を展開する際の原動力となるということです。他者の力を借りないと自己を否定する

146

ことも，自己を認識することも，そして成長することもなかなか難しいです。子どもたちが学校に来る根源的な意味は，ここにあるのではないでしょうか。

　1997年に始まった OECD の DeSeCo プロジェクトで重要なコンピテンシー（資質・能力）として特定した三つのうちの一つが「異質な人々から構成される集団で相互にかかわり合う力」です。これは，折出の見解とも重なります。こうした人とかかわり合う力は，実際に人とかかわり合ってこそ育つもので，それを育むための場として学級は重要な役割を担っています。なお，学級あるいはクラスを経営することを，小・中学校では**学級経営**，高校では**ホームルーム経営**と言います。

# 2 教室のフェーズ

　近年はチームで学年経営を行うなど、学級経営のスタイルに変化も見られますが、とはいえ教師の仕事で大きなウェイトを占めるものが学級経営です。学級経営がうまくいっているかどうかの一つの指標として**表1**に教室の状態を示しました。教室の状態は，厳しい指導をしてもよくなりません。子どもを厳しく管理し，見た目が整っていたとしても，子どもは心の内では満たされていないので，フェーズはよい状態にならないのです。

　学級経営は，学級崩壊が起きることからもわかるように，たやすいものではありません。学級が荒れると，鬱々として満足できずに疑似快感を求める子どもが，先生の気づかないところで陰湿ないじめを行うようになります。そもそも学級は，多様な子どもたちが集まる空間なので，整えずにほうっておくといじめが起きやすい危険な空間なのです。

　では，どうしたら学級はよい状態に近づくのでしょうか。まずは，教師を中心とした学級経営から，子どもを中心とした学級経営に変える必要があります。教師の思うように子どもをコントロールするのではなく，子どもが主体になるような学級経営にスタンスを大きく転換するということです。

　予測困難で不確実・複雑で曖昧な時代を見据え，子どもを主体にした学級経営をしようとすると，子どもに「自分たちで考える自由」や「自分た

表1　教室のフェーズ

| フェーズ | 集団の状態 | 授業中の子どもの様子 | 教師の工夫 |
|---|---|---|---|
| フェーズ0 | もめることもあるが，自分たちで解決しようとし，緩くまとまっている。 | ● 話し合い活動をはじめ，さまざまな活動が主体的になされ，授業に集中している。<br>● 当事者意識を持っており，子どもからの発案が多い。 | ● 子どもを主体にした授業準備が緻密になされている。<br>● 子ども主体の授業がなされており，教師の発言量は少ない。 |
| フェーズ1 | 教師のリーダーシップのもと，一定程度まとまっている。 | ● 話し合い活動は成立し，授業に集中している。<br>● 子どもからの発案が時々見られる。 | ● 子どもが主体となる授業準備が一部なされている。<br>● 子ども主体の授業になりきってはいない。 |
| フェーズ2 | かろうじてまとまっている。 | ● 話し合い活動はかろうじて成立する。<br>● 授業に参加しているが，受け身である。 | ● 教師を中心にした授業準備しかなされていない。<br>● 教師主導の一方通行型の授業が多い。 |
| フェーズ3 | 集団とはいえず，同じ空間にいるだけである。 | ● 話し合い活動は成立せず，沈黙の時間が目立つか，私語をする時間となっている。<br>● 授業時間と休み時間の区別がほとんどなく，学習しようとする意識が弱い。<br>● 授業中も他者をバカにした発言が目立つ。 | ● 教師主導の一方通行型の授業に終始している。<br>● 問題行動の対応に追われ，授業準備に時間を費やす余裕がなく，工夫は見られない。 |

〈注〉授業中の子どもの様子は，学級の状態がよくわかる，話し合い活動を中心に据えている。

ちで動く自由」を保障しなくてはなりません。考えたり動いたりする**自由**を子どもに保障しなければ，動きたくても子どもが動けないからです。子どもに自由を保障すれば，いろいろなハプニングも生じますから，教師にはそれを引き受ける覚悟がいります。教師も子どもと一緒に考え，一緒に学級をつくっていく覚悟です。学級経営のポイントは，「**子どもと一緒に**」です。主導権を単に子どもに渡すだけなら，そのうち学級は崩壊するでしょう。

# 3 経験を積むだけでは学級経営はうまくならない

　経験を積めば学級経営はうまくなるのでしょうか。新人教員は，経験が

少ないので学級経営が下手でも仕方がないのでしょうか。いずれも違います。経験が少なくても学級経営が上手にできる先生もいれば，ベテランであっても漫然と学級を回しているだけの先生もいます。

「学級経営は，そこそこできていたら，それでよい」と考えるか，「学級経営こそ，教師にしかできない高次の仕事」ととらえるか，すなわち学級経営に対するスタンスの違いがその差を生み出します。

「教室のフェーズ」に見るように，教師が中心の学級ではなく，子どもを主体にした高いレベルの学級，すなわちフェーズ0が理想の教室です。

**フェーズ0**とは，学級内でもめることもありますが，子どもに当事者意識（sense of ownership）があり，自分たちで学習や学級の問題を創造的に解決しようとする学級です。子どもたちの間でトラブルが起きないという意味では決してありません。たとえトラブルが起きたとしても，自分たちでなんとかしようとあれこれ画策する学級です。教室に教師がいなくても自分たちで互いに助け合い，学び合う姿が見られます。子どもによる自治（self-governance）が確認できるのです。そんな学級では，何かに挑戦してみようという新しい企画が，自発的に出てきて，一人ひとりが実に生き生きとしています。

多くの人がイメージする「よい学級」とは，先生が中心に立って子どもを統治し，表面上問題のない学級ではないでしょうか。つまり，**フェーズ1**です。それを目標にしているとすれば，学級経営は「そこそこ回っていればよい」と考えても仕方がありません。

でもそれでは，子どもは自分たちで考えることを諦めてしまい，一人ひとりが自立に向かうこともなければ，学級そのものが成熟することもありません。教師が教えたことなど子どもはすぐに忘れますが，自分で考えたことは子どもの身につきます。自分で考えなければ，子どもには何も残りませんし，結局，子どもが育たないのです。

学級経営力は，教師になった早い段階で，すなわち若いうちにある程度出来上がるように思います。「担任の仕事に慣れたらそのうちに」ではなく，「最初から」フェーズ0の状態を意識しておく必要があります（実際には，初年次は初めてのことばかりでなかなか難しいですが，少なくとも2年目からは目指しましょう）。

フェーズ0と言っても，常にフェーズ0の状態でなくてはならないなどと堅苦しく考えないでください。ふとした瞬間だけでもフェーズ0の状態が見られるようになればそれでよいのではないでしょうか。学級経営は，専門職にしかできない高次の仕事です。せっかくなら，高いレベルの学級経営を目指しませんか。教師の意識が高くなければ，フェーズ0にはなりません。

# 4 ｜ フェーズが下がると生じる無駄な時間

　筆者は，ある小学校で時間をかけて教室の観察を行いました（片山，2006）。すると，図1の時間の使われ方から見て取れるように，うまく学級経営ができていないB学級の場合，A学級に比べて規律の形成や維持にかなりの時間を取られていることがわかりました。

　B学級では，教師から子どもへの注意や教師による子ども同士のトラブルへの仲裁は休み時間も授業時間も関係なしに行われ，注意や仲裁が授業時間になされると当事者である子どもが注意され，その他の子どもたちは注意されている様子を見聞きしながら授業が再開されるのを待っていました。注意を受ける本人はともかく，その他の子どもにとっては，1分から20分の授業時間が，明らかにロス（損失）となっていました。

　もちろん，そうした指導は場合によっては必要なことですが，それが頻

---

A学級　授業開始○○○○○○○△○○授業終了
　　　（45分のうち，40分以上授業が成り立っている）
B学級　授業開始○△○－－△－－○授業終了
　　　（45分のうち，15分程度しか授業が成り立っていない）

※○，△，－は，5分刻みで学習が成立しているかどうかを表している。○はほぼ学習が成立している，△は若干学習が遮られている，－は学習が成立していない，状態を意味する。上記に見るように学級の状態によって，学習に費やされる実質的な時間は異なる。

図1　授業時間の使われ方

繁になればなるほど，子どもたちの学習時間は減り，学習意欲も萎えていきます。学級を選べない子どもやその保護者からすると，不利益を被っていると感じることでしょう。

　フェーズがよい状態に保たれていれば，教師にも余裕ができますから，配慮を要する子どもに指導を行うこともできますし，余裕のある子どもにはさらなる課題を与えたり，発展的な内容を示したりすることもできます。フェーズをよい状態に保つことは，子どもにも教師にもプラスになります。

# 5 集団づくりと話し合い

　学級集団づくりを苦手とする方を見かけることがあります。集団づくりは，うまくいけば居心地の良い集団になりますが，反対に凝集性が高過ぎると，いじめが起きやすくもなりますので，まさに諸刃の剣です。

　集団づくりと言っても，先にも述べたように教師の思うままの集団をつくることではありません。子どもが主体となる集団をつくるということです。これまでの学級は，どちらかといえば先生が主体の集団づくりだったように思います。すなわち，教師の言う通りの集団，あるいはノンアクティブラーニング型の集団のイメージです。しかし，これからの時代は，子どもが自分たちで考えて，自分たちで動いて，自分たちで意思決定できる集団づくりをしていくことが大事になるのではないでしょうか。

　集団づくりを進めるうえでは，集団での話し合い活動を充実させることがその核となります。「自分の考えは絶対に正しい」と当たり前に思っていた子どもが，自分とは考えの違う人と話し合ってみると，これまでの考えを見つめ直したり，深く考えてみたりするようになります。多様な他者との交流を重ねることによって，先述した折出の言葉を借りれば，子どもたちは「自己否定」されながら，認知の修正および拡大を次々と行い，集団の中で知らないうちに成長していきます。

　話し合いを核にしながら，集団づくりをしていくと，問題が起きても自分たちで創造的に解決していくようになります。子どもにとって，視点を変えて見ること，違った立場から物事を見ることは，実はかなりハードル

が高いことです。なぜなら，人は誰しも自分とは異なる別の考え方に出く
わすまで，無意識のうちに自分の考えが正しいと考えているからです。話
し合いをして他者の考えを聞くと，自分の意見と他者の意見が違うことに
気づき，視野が広がります。それだけでなく，他者に寛容にもなり，意見
の異なる他者と協働していく楽しさや喜びも知ることができます。

# 6 │ 学級崩壊

　わが国で「学級崩壊」と呼ばれる現象が注目されるようになったのは，
1990年代の中頃からです。学級崩壊とは，学級経営研究会の報告書によれ
ば，「学級がうまく機能しない状況」であり，「子どもたちが教室内で勝手
な行動をして教師の指示に従わず，授業が成立しないなど，集団教育とい
う学校の機能が成立しない学級の状態が一定期間継続し，学級担任による
通常の手法では問題解決ができない状態に立ち至っている場合」（学級経営研
究会，2000）を指すとされています。

　崩壊が生じる原因やその態様はさまざまですが，例えば，教師の学級経
営が管理的で子どもに何ら主体性を持たせない場合や教師が子どもと友達
感覚で接し，なれあいになってしまう場合があります（河村，1999）。

　**管理的なケース**というのは，教師が子どもを尊重せず，常に命令調で学
級を運営しているような場合です。子どもたちにとっては自分たちに関わ
る物事を自己決定する喜びや達成感を感じる場面，あるいは楽しく息抜き
をする時間もありません。つまり，教室は楽しい場ではなく，命じられる
だけの苦痛の場と化してしまうのです。日頃から満足感を持てず，心の中
が不満でくすぶった子どもたちは，やがてこっそり靴隠しなどのいじめを
行い始め，反抗的な目で教師を見るようになり，次第に教師の指示に従わ
なくなっていくのです。

　一方，**なれあいのケース**では，教師が子どもたちと友達感覚で接するの
で，最初は特に問題もないように見えますが，学級のルールやしてよいこ
とと悪いことの区別が明確でないため，気づいたら子どもたちはそれぞれ
が好き勝手なことをしている状態になります。学級開きの時期に明確な学

級経営の方針が示されなかったこと，そして曖昧なまま集団づくりが進んでいったことが主な原因です。自分が何をしたらよいのかが見えず，自分に期待されていることがわからない状態が続けば，子どもたちは苛立つのではないでしょうか。そのうちに荒れ始め，学級崩壊や授業崩壊が生じても不思議ではありません。自分たちに何が求められているのか，何をしたらよいのかわからないという小さな不満が，やがて学級崩壊や授業崩壊という形で爆発するのです。

　学級崩壊が起こっている時というのは，一般にいじめや不登校，万引き等の問題行動，保護者からのクレームが一度に生じます。学級崩壊の状態に陥ってしまうと，その原因がどこにあったのか，あるいはどこから手をつけたらよいのかなど，担任自身が冷静に改善へ向けて取り組んでいくことは実際のところ難しくなります。崩壊に至る前に，日々，学級経営を振り返り，微修正を繰り返しながら運営していきましょう。

# 7 ｜ 集団と個

　先生の中には，「個は見ることができるが，全体を見ることができない」という方がいます。三隅二不二の **PM 理論** (p.31参照) でいえば，全体指導が苦手で一人ひとりへの配慮を重視する「M型の教師」です。例えば，学級の中に発達障害の子どもがいたり，家庭環境が不安定な子どもがいたりすると，その子にばかり目が行ってしまうのです。教師は，一生懸命指導してはいるのですが，他の子どもたちからすれば納得のいくものではありません。「僕のことも見てほしいのに」「私とも遊んでほしいのに」と，不満がたまっていきます。教師の目には子どもが全体として映っていますが，実は全体を見ておらず，特定の子だけを見ているのです。学級が崩壊状態になって初めて，そのことに気づきます。

　ところで，全体を見るとは一体どういうことでしょうか。それは，学級にいる30人の個々の子どもを見ながら，その30人がそれぞれどの程度わかっているのかやどのように考えているのかなどを的確に理解し，同時に教室全体に漂う空気を察知して，そのうえで必要だと思われることを学級

全体に即座に還元するということです。教師は，個々の状態を的確に見極める力と，個の状態を集団に還元しながら集団を指導できる力，この両方を持ち合わせていなくてはなりません。

　個を見ながら全体を見るといっても，本当に気にかけておかなくてはならない子どもも教室にいて，当然その子には気を配る必要があります。ただ，たとえそうであったとしても，他の子どもから不公平に見えてはいけません。自分の姿が全体からどう見えているのかを意識しながら振る舞えることが大事です（片山, 2021）。

# 8 ｜ 魅力的な授業

　授業の内容もわからず，教師の配慮もない教室で，ただ黙って座っているだけの45分，あるいは50分が，子どもにとってどれほど長いか，また苦痛であるか，考えてみたことがありますか。

　学校生活の中で最も多くの時間を占めるのは，まぎれもなく授業時間です。子どもへの配慮がなく，子どもにとって何をしたらよいのかわからないような授業が続けば，苛立ち，次第に授業への興味がなくなっても不思議ではありません。

　ただ，子どもを授業へ惹きつけていくことに関しては，以前より難しくなっています。例えば，かつての教室では，教師の「ここはテストに出るよ」というような言葉がけ一つで，子どもの集中力がグッと増すことが当たり前でした。ところが最近は，そうした教師の言葉には，全く反応しない子どももいます。わからなければすぐに投げ出して，テストの最中ですら，机に伏してしまう光景もよく見られます。安易に叱咤激励したり，単純に評価に絡めたりしていくやり方では，子どもはついてこなくなっているのです。

　そんな子どもも内心ではきっと，授業に参加したい，勉強がわかりたい，学級の一員でいたい，誰かに認めてもらいたいと，切に思っているのではないでしょうか。一斉指導だけでは理解が難しい子には，全体指導の後に近づいて，ヒントを与えたり，周りの子どもとつないだり，いろいろ配慮

してみてはどうでしょうか。

　手を抜かずに下準備をし，子どもを主体にした魅力ある授業を行うことは，生徒指導の観点からも重要です。学級崩壊や授業妨害を安易に子どもの責任にするのではなく，自分の授業は魅力的なものになっているか，自分を振り返る視点を持ちましょう。

## 9 ｜ 教室環境

　学校の教室環境を思い浮かべてみましょう。教室の机や椅子の配置，掲示物，備品等は整然としているでしょうか。飼っていた虫の死骸や採集した植物が枯れて，教室の後ろの棚にいつまでもそのままになっていないでしょうか。

　そんな教室は要注意です。子どもが登校する前あるいは下校後に教室を点検し，気持ちよく過ごせるように教室を整え，学習環境に気を配ることが大事です。

　ある小学校の事例です。5年生のクラスで，学級崩壊が起こり，年度の途中で担任が交代しました。新しい担任は，子どもたちの反抗的な目も気になりましたが，荒んでいる教室そのものが気になったと言います。

　担任である自分自身が最大の教室環境であると考え，まずは笑顔を絶やさないようにし，ポジティブな言葉を用いながら明朗な口調を保つよう努めました。同時に教室の掲示物の色彩を温かな雰囲気をもたらすものに変え，教室の整理整頓や床にゴミがないように気を配りました。

　するとそのうち自然と子どもたちの顔が柔和になり，数カ月後には，以前の様子が思い出せないほど落ち着いていました。環境が整うと，子どもたちは自然と学習に集中するようになります。

## 10 ｜ 教室のルール

　教室にはルールも必要です。最低限のルールは，学級開きの段階で子どもたちに明示するのがよいでしょう。ルールに関して，わが国では管理主

義的だとしてネガティブな見方がなされることもあります。しかし，最低限のルールがないと学級が安心できる空間にはなりません。

　教師がねらいを持ちつつ学級全員で決めていくほうが，子どもにとって自分たちの学級という意識が高まってよいと思われますが，必ずしもそうとばかりはいえません。ルールには子どもに任せてよいルールとそうでないルールがあります。子どもたちに自己決定させたほうがよいものと，自己決定させることを優先し過ぎると，学校や学年の体制と異なり，混乱が生じるものがあるので，しっかり見極める必要があります。

　ルールが必要だと言っても，多すぎるルールや細か過ぎるルールは，好ましくありません。かつて，アメリカの教師教育でその実力を高く評価されたページは (Page, 1847)，規則というものは多くなればなるほど，その規則によって教師が苦しめられることになると言い，過度な規則に警告を発しました。細かな規則で教室を固めてしまうと，多様でさまざまな行動をとる子どもたちを息苦しくさせてしまいます。大まかなルールに基づきながら，学級で起きた問題を子どもたちに考えさせることも大事です。

　うまい教師は，はみ出す子どもを「排除」するより「包摂」しようとする意識が優っています。さらには，教室に規範意識を醸成し，お互いを尊重し合うよい雰囲気が充満するように，何度も繰り返し学級の子どもたちに働きかけています。一度の指導で変わるほど学級経営は甘くありません。「繰り返し伝える」のがポイントです。

# 11 ｜ 教師に必要な話術

　教室には，通常30人前後の子どもが集団として存在しています。その集団を一斉に動かしていくには，まずは集団を相手にした話し方が教育技術として必要です。集団全体を学びに巻き込み，同時にあたかも30人の子ども一人ひとりに話しかけているかのような話術です。

　話の大枠を先に示すと，聞く側の子どもにとって話の内容がつかみやすくなります。例えば，「今日は，図書室で〇〇について調べることになっていましたね。筆箱だけ持って，廊下に一列に並びましょう」。廊下に出

ると，「はい，口を閉じて，図書室に移動します。着いたら，グループごとに席について，静かに待ちます」と，移動する前に大枠を示したうえで，具体的にかつ簡潔に指示を出します。着いたら，「静かに，そして上手に移動できましたね。さすが最上級生だなぁ」と艶のある声と満面の笑顔で子どもの行動を認め，「では，今から〇〇について，調べていきましょう」と，次の活動へ場面を展開していきます。

　子どもの立場からすると，しなければならない行動がすっと頭に入り，同時に教師の艶のある声と笑顔で認めてもらえるので，スムーズに気持ちよく，次の行動に移ることができます。教師の指示がうまいと，自分に何が求められているのかがわかります。こうした一連のリズムのよさが，気づかないところで子どもたちを心地よく学習に誘うのです。

> ### コラム13　先生は漫然と教師をしていなかっただろうか？
>
> 　2005（H17）年6月，長崎県で女児殺害事件が発生しました。6年生の女児が6年生の女児をカッターナイフで殺害したものです。小学生に起きた事案ですから，マスコミを含め騒然となりました。
>
> 　筆者は，事件後に新聞記者でもある被害者の父親が投げかけた言葉が今でも心に残っています。「（担任は）漫然と教師をしていなかったか」というひと言です。父親の言う通り，当時の学級経営案を確認すると，他の学級であっても使えるような漫然としたものでした。誰しも経験を積むと，学校という空間にも，仕事にも慣れてしまい，漫然となりがちです。
>
> 　ただ，目の前にいる子どもは，どの子も一人ひとり違いますし，どの学級も前の学級とは違います。漫然とした学級経営をしていてはいけないのです。

. . . . . . . . . . . . . . . . . . . . . . . . . . . . . . . . . . . . . . . . . . . . . . . . .

**演習**　学級経営を自分が行う際に，不安なことは何か自由に話してみましょう。不安なことを言葉にしてみるところから次の学びが始まります。

# 多様な子どもたち

第12章

学校においては，特別支援の必要な子どもや外国人児童生徒，LGBTQ＋（性的マイノリティ）にかかわる子ども，貧困にさらされている子どもなど，実に多様な子どもが一堂に会しています。

考え方や行動様式を含めて，自分が人と異なっていると感じると，一瞬戸惑います。そして，自分と違う人とは距離をとろうとします。ところが実は，人と違うことで，多角的な見方を養うことができるのです。子どもが，一人ひとり違っていればいるほど，それは困ったことではなく，教室の中に別の視点が増え，学校に来る意味があることになります。多様であることは，価値があることなのです。違いをどう活かしていくのか。まさに教師にとって腕の見せどころです。

なお，教育の機会均等について，「教育基本法」は以下のように示しています。

---

**教育基本法**

**第4条** すべて国民は，ひとしく，その能力に応じた教育を受ける機会を与えられなければならず，人種，信条，性別，社会的身分，経済的地位又は門地によって，教育上差別されない。

2　国及び地方公共団体は，障害のある者が，その障害の状態に応じ，十分な教育を受けられるよう，教育上必要な支援を講じなければならない。

3　国及び地方公共団体は，能力があるにもかかわらず，経済的理由によって修学が困難な者に対して，奨学の措置を講じなければならない。

---

# 1 | 特別支援教育

　教室には，ASD（自閉スペクトラム症）やLD（学習障害），ADHD（注意欠如・多動症）等，特別な教育的支援を必要とする子どもが一定数見られます。中には，授業中に立ち歩く，教室から出てしまう，友達とトラブルを起こすといった子どももいます。これまでの生徒指導では，こうした子どもの行動は問題行動であると判断され，叱るなど厳しい指導がなされてきました。

　しかし近年，発達障害等のためにこれらの行動が引き起こされているのではないかという見方がなされるようになりました。学校の生徒指導体制も見直しが進み，「生徒指導」・「教育相談」・「特別支援」の三つの枠組みで組織する学校が増えています。

　発達障害を抱える子どもについては，二次障害にも気をつけておく必要があります。**二次障害**とは，障害があるために，いじめを受けやすくなったり，不登校になったりするなどして，心身に不調を抱えるようになることです。友達からだけでなく，保護者からのこともあります。保護者が他の子どもにはない子育ての難しさを，子どもにぶつけてしまい，虐待するケースがあり，これも子どもにとっては二次障害といえます。

　また，知的な側面から支援が必要な子どもも教室にはいます。児童精神科医の宮口は（2019），教室には特別支援が必要であると判断されていないものの，IQ 70〜84の境界知能と呼ばれる子どもがおよそ14%程度，学級に5人程度存在していると言っています。学級の下位5人程度は，診断がつくこともなく，何らかの支援を受ける機会も逃していると言い，そうした子どもには認知トレーニングを行うことを推奨しています。

　担任は，学級の一人ひとりが必要としている支援のレベルを把握しなくてはいけません。支援の必要な子どもであっても，できることは自分で行わせ，「自分にもできる」という自己効力感を持たせることも大事です。必要な支援はしなくてはなりませんが，親や教師，友達がその子に代わって何でもしてあげるというのは間違いです。子どもがその子なりに自立していくことが最も大事です。

一方，学級の子どもたちには，いろいろな特性を持った友達が学級には存在するということ，そしてそれは特別なことではなく，誰しもそれぞれに多様であるということ，そうした違いをお互いに認め合いながらともに生きていくことは素晴らしいことであると，日々の生活の中で伝えます。

　子どもたちは，たとえ障害があろうがなかろうが，たとえ家庭にしんどさを抱えていようがいまいが，どの子どもも自分を認めてほしいと密かに思っています。学級の誰かが，不公平感や不満を感じるような支援の仕方は，適切な支援とはいえません。どの子どもも「ぼくも大切にされている」「わたしも大事にされている」と思える学級づくりをしましょう。

# 2 ｜ 貧困な状態に置かれている子ども

## (1) 貧困とは

　2014年に「**子どもの貧困対策の推進に関する法律**」が施行されました。それを受けて，同年「**子供の貧困対策に関する大綱**」も閣議決定されました。「子どもの貧困対策の推進に関する法律」では，子どもが生まれ育った環境に左右されることなく，教育の機会が保障されることなど，子どもの貧困対策を総合的に推進することが目指されています。

　近年は，朝ご飯を食べずに登校する子どもが増えています。朝ご飯を食べないことによって学習に身が入らないと，学力向上の観点から問題とされることが多いのですが，実際にはさらに深刻で，朝ご飯であろうが晩ご飯であろうが，食べ物を満足に与えられていない子どもが存在します。わが国の相対的貧困率は，2021 (R3) 年で15.4%，同じく子ども (17歳以下) の貧困率は11.5%で，子どもが8人いればそのうち1人が貧困状態にあることになります。

　学校ではさまざまな学用品が必要とされます。少し思い浮かべただけでも，ノートや消しゴム，絵の具，習字道具といったものが挙がってくると思いますが，上靴や体操服などサイズが合わなくなったら買い替えが必要なものもあります。部活で必要とされる靴なども，一度買ったら終わりで

はなく，成長に応じて買い直しも必要です。制服や体操服など指定があれ
ば，割高なものを買わなければならないこともあります。

　社会福祉士で，子どもの貧困に詳しい金澤（2020）は，「夏休みの自由研
究や絵日記の宿題は，お金のない我が家には苦痛です。どこにも連れて
行ってあげられない。でも，誰にも言えません」という，ひとり親家庭の
保護者の声を取りあげています。そうした困りに応えている学校では，絵
日記のテーマを「私の発見」とするなど，子どもが負担を感じることのな
いように工夫しているそうです。気になる子どもとして**表1**に示しました。

　学級には，さまざまな事情を抱えた子どもがいます。子どもの置かれた
状態を把握することによって，子どもに対する時のスタンスも変わります。
食事にも事欠いているかもしれない子どもに，忘れ物をしたからといって，
「なぜ毎回コンパスを忘れるの？　昨日も忘れたじゃないか！」などと強い
叱責ができるでしょうか。その子どもは，コンパスどころか，食べる物も
なく，それを他の友達に悟られないように小さな胸を必死でガードしなが
ら学校生活を送っているかもしれません。

　さらには，貧困のために，風呂に入っていなかったり，いつも同じ服で
登校してきたり，といった子どももいて，そうした子どもがいじめの対象
となることもあります。

　経済的に苦しい家庭では，親自身にゆとりがなくなっています。保護者

**表1　気になる子ども**

| | |
|---|---|
| 身長や体重の伸び率が小さい。 | 性的虐待が疑われる。 |
| 朝食を食べていない。 | 衣服が汚れていて異臭がする。 |
| 症状があるにもかかわらず，耳鼻科や眼科などの受診をしない。 | 鬱症状やリストカットなど，メンタルヘルス上の症状がある。 |
| 虫歯が多いにもかかわらず歯科の受診をしない。 | 家計を担うためアルバイトに明け暮れている。 |
| 不自然な傷や怪我がある。 | 家族が病気で，その世話をしている。 |
| 怪我をしても受診しない。 | 家の中がゴミだらけである。 |
| 肥満や糖尿の心配がある。 | 睡眠が十分に取れていない。 |

〈出典〉金澤ますみ「第7章 子どもを危機から救う」片山紀子監修『実践・事例から学ぶ生徒指導』
　　　（トール出版，2020年，pp.122-123）を参照して筆者が作成。

も自分自身が生きていくのに喘<sup>あえ</sup>いでいるとすれば，子どもの教育に手をかける余裕などないでしょう。

教師になる人の多くは，こうした貧しさを直接経験したことはあまりないのではないでしょうか。福祉の必要性を認識したことがないので，福祉的な視点で子どもを見ることにも慣れていません。例えば，わが子に虫歯があれば，当然のこととして保護者は歯医者へ連れて行くと考えるでしょう。しかし，貧困家庭ではそれすら難しいことです。歯科治療が自治体の支援によって無料になっていたとしてもそれは同じです。保護者自身が子どもの頃，親から適切な養育を受けておらず，歯医者に行く習慣が保護者にもないことがその背景にはあります。

子どもの生活を把握したり，保護者の声に耳を傾けたりすれば，宿題の出し方や持ち物など含めて，学校でもいろいろ工夫することができるはずです。もし，子どもがどのように困っているのかを想像することなく，不用意に子どもを叱責してしまえば，子どもを深く傷つけてしまうことになってしまいます。

## (2) 学習意欲や進学意欲に影響

貧困について問題となるのは，貧困が物理的に何かが不足しているということだけでなく，さまざまな生活経験が不足し，さらには子どもの学習意欲や進学意欲にまで強い影響を与えてくる点です。例えば，収入が低い家庭では，最初から保護者が子どもの進学を諦めていることも少なくありません。

阿部 (2008) が2003 (H15) 年に行った12歳以下の児童生徒がいる361世帯を対象とした「社会生活調査」によると，子どもに高等教育を受けさせたくても「(経済的に) 行かせられない」と考えている保護者は，子どもがすでに12歳以下の時点で，「高校」について2.5%，「短大・高専・専門専修」で20.5%，「大学」では26.9%いました。かなり早い時点で「経済的に無理であろう」と保護者が考えているのです。

阿部は，依然として，「経済的な理由」で希望する教育を受けられない子どもが存在することに対して「子どもが12歳以下の時点において，すで

に親がこのように考えていることこそ，子どもが勉強に対する『意欲』や『希望』を失う最大の要因なのかもしれない」と述べていますが，こうした教育に対する保護者の意識の格差が児童生徒に伝わって，意欲の格差が生じているものと思われます。

　子どもは保護者の考えに敏感で，子どもが示す行動は保護者の子どもに対する期待を読みとった結果でもあります。宿題をしてこない，音読練習をしてこないといったことで，単純に子ども本人に責任を求めるのは酷かもしれません。教師が目の前にいる子どもに，「どうしてやる気がないのか」と責め立てて済むような表層的なことではなく，その背後に深刻な家庭の事情がある可能性もあるのです。

　だからといって，経済的に不利な子どもは宿題をしてこなくてもよいなどということを述べているわけではありません。そうした不利な状態にある子どもにできるだけ早く気づいて福祉につないでほしいのです。そして，諦めることなく彼らを学習に誘ってほしいのです。

## （3）福祉的支援

　福祉にかかわる問題は，教師の力量だけで解決できるようなことではありません。教師にできることは限られていて，困っている子どもに直接，経済的支援をすることなどできません。

　行政はこれらの子どもに手を差し伸べており，経済的に困難を伴う子どもに今日なされている経済的支援の代表的なものとして就学援助があります。就学援助とは経済的理由により子どもの義務教育が困難な世帯に対して，最低限学校生活を送るうえで必要なものなどの就学費を援助する制度で，具体的には給食費や修学旅行費，学用品費，医療費（特定の疾病）などが支給されます。保護者が，定められた時期に，就学援助費給付申請書を自ら通学先の学校（市区町村の教育委員会）に提出し，認められることで受給開始となります。行政や福祉につなぐことは，教師にもできるはずです。貧困が原因で生じるいじめを防ぐことも含め，教師に福祉的視点があるかどうかで子どもに対するスタンスも変わってきます。

# 3 性的マイノリティ

## (1) LGBTQ＋とは

性的なマイノリティを表す言葉としてはLGBTQ＋が用いられることが多くなりました。LGBTQ＋とは，レズビアン（女性同性愛者：Lesbian），ゲイ（男性同性愛者：Gay），バイセクシュアル（両性愛者：Bisexual），トランスジェンダー（体の性と心の性が不一致な者：Transgender），クイアー・クエスチョニング（自分自身のセクシュアリティを決められない・わからない・決めない人：Queer/Questioning），その他多様的なセクシュアリティ（＋）を加えて，LGBTQ＋と言います。

国内人口の9.7%，およそ10人に1人がLGBTQ＋（全てのセクシャルマイノリティを含む）であると報告されています。子どもが自発的に意思表示することはなくても，あるいは表面的には把握できなくとも，学級に2〜3人は存在するわけです（dJサステナビリティ推進オフィス，2023）。

性的マイノリティの子どもは，日々生きるのにさまざまな苦痛を感じ，学校ではいじめの対象となることも少なくありません。世の中では，人種や宗教をはじめ，多数を占めるマジョリティの志向が自然と「標準」になりますから，そこから外れるマイノリティは軽視されたり，阻害されたりする傾向にあります。

松尾（2013）は「だれもがありのままに生きられる多文化共生社会をめざして」と題する論稿において，「多数者がいかに変わるのかが課題になっている」とし，彼らの周りに生きる学校関係者を含めたマジョリティの側が意識を転換させていくことの重要性を指摘しています。学校には性的マイノリティの人権を踏みにじることなく，誰もがともに生きていけるような環境整備が求められています。

## (2) 文部科学省の見解

文部科学省は2015（H27）年に性同一性障害の子どもに配慮を求める通知「性同一性障害に係る児童生徒に対するきめ細かな対応の実施等につい

表2　性同一性障害に係る児童生徒に対する学校における支援の事例

| 項　目 | 学校における支援の事例 |
|---|---|
| 服　装 | ● 自認する性別の制服・衣服や，体操着の着用を認める。 |
| 髪　型 | ● 標準より長い髪型を一定の範囲で認める（戸籍上男性）。 |
| 更衣室 | ● 保健室・多目的トイレ等の利用を認める。 |
| トイレ | ● 職員トイレ・多目的トイレの利用を認める。 |
| 呼称の工夫 | ● 校内文書（通知表を含む。）を児童生徒が希望する呼称で記す。<br>● 自認する性別として名簿上扱う。 |
| 授　業 | ● 体育又は保健体育において別メニューを設定する。 |
| 水　泳 | ● 上半身が隠れる水着の着用を認める（戸籍上男性）。<br>● 補習として別日に実施，又はレポート提出で代替する。 |
| 運動部の活動 | ● 自認する性別に係る活動への参加を認める。 |
| 修学旅行等 | ● 1人部屋の使用を認める。入浴時間をずらす。 |

〈出典〉文部科学省初等中等教育局児童生徒課による通知「性同一性障害に係る児童生徒に対するきめ細かな対応の実施等について」2015年4月30日

て」を全国の国公私立の小中高校などに出しました。通知による具体的な支援の事例は，表2の通りです。

　その後2016（H28）年には，教職員向けに「性同一性障害や性的指向・性自認に係る，児童生徒に対するきめ細かな対応等の実施について（教職員向け）」を出し，学校の支援体制についても示しました。さらに，2017（H29）年3月には，改定された「いじめの防止等のための基本的な方針」の別添2に，「性同一性障害や性的指向・性自認に係る児童生徒に対するいじめを防止するため，性同一性障害や性的指向・性自認について，教職員への正しい理解の促進や，学校として必要な対応について周知する」といじめ防止のポイントで示すなど，教育現場に対して強く配慮を求めています。

・・・・・・・・・・・・・・・・・・・・・・・・・・・・・・・・・・・・・・・・・・・・・・・・・・・・・・・・・・・・・・・

 多様な子どもたちが教室にいます。どんな子どもがいるのか，どんなサインを出しているのか，お互いに意見を交換してみましょう。

## 第13章

# キャリア教育

## 1 │ タイガー・ウッズとロジャー・フェデラー

　デイビッド・エプスタイン著『RANGE　知識の「幅」が最強の武器にな
る』(2020) の冒頭に，タイガー・ウッズとロジャー・フェデラーの子ども
の頃の話が出てきます。ゴルフのメジャー優勝を幾度も果たしたアメリカ
のタイガー・ウッズ (1975-) は，赤ちゃんの頃からゴルフクラブに興味を
示し，2歳の頃には肩まであるクラブを使ってボールを打つ姿をテレビで
披露していたそうです。その後もゴルフに専念し，彼の生来持っていた才
能はゴルフ選手となるにつれ，大きく花開きました。ウッズのように才能
を幼い頃から発揮し，そのまま花開かせる人は，そんなに多くはないかも
しれません。
　一方，テニスでグランドスラム優勝を何度も果たしたロジャー・フェデ
ラー (1981-) は，子どもの頃はスキーやレスリング，水泳，スケートボー
ドなどたくさんのスポーツを楽しみ，13歳になる頃にようやくテニスに惹
かれていったそうです。世界の頂点を極めた二人ですが，開花の仕方は対
照的だといえます。
　いろいろなタイプの人がいるでしょうし，種目によって育成の仕方も異
なるのでしょうが，キャリア教育の観点から見ると，フェデラーの才能開
花の仕方には示唆が多いかもしれません。本のタイトルにもあるように，
いろいろなスポーツに取り組む中で RANGE（幅）を備えてきたからです。
プロセスの中で，自己理解が促され，どんなスポーツであれば自分らしく

生きられるか自分にもわかるようにもなったのでしょう。そうなってくると，逆にどんなスポーツをしてもそれなりに自分をうまく適合させることができるようになるのだと思います。職業に目を向ければ，仮にどんな職業に就いても，その中で幅を備えた自分をうまく活かせるということです。

# 2 いろいろなことをやってみる

　多くの若者は，思春期に「将来何をすればよいのかわからない」「将来自分は何がしたいのかわからない」と悩み，自分の未来について自問自答しながら悶々とした時間を過ごします。それほど自分に何が向いているのかを見極めるのは難しいということです。

　将来像は漠然としたものであってもよいのですが，それでも自分の将来が前向きなものとしてイメージできなければ，目標を持てませんし，学習への意欲も湧かないでしょう。また，自分の特性を俯瞰して見ることができなければ，就きたい職業もあやふやなはずです。

　若い時期に，自分自身と将来を真摯に見つめることに意味があるのです。それを手助けするのが，キャリア教育になります。「学校教育法」および「職業安定法」には次のように記されています。

---

**学校教育法**

第21条
10　職業についての基礎的な知識と技能，勤労を重んずる態度及び個性に応じて将来の進路を選択する能力を養うこと。

---

**職業安定法**

第2条　何人も，公共の福祉に反しない限り，職業を自由に選択することができる。

---

　具体的には特別活動がその中心的役割を担いますが，各教科や特別の教科 道徳，総合的な学習の時間（総合的な探究の時間）等のすべての教育活動の

中で展開することが求められています。キャリア教育は健常な子どもであれ，障害のある子どもであれ，人生を豊かに生きていくために，すべての子どもに必要なものです。

　非行を繰り返す少年に共通するのは，自分が将来こうなりたい，あるいはこんな仕事に就きたいといった将来像を描くことができないことです。もちろん，彼らに責任がすべてあるわけではなく，環境がそうさせていることも否めませんが。

　学校という場所は，もがきつつも自分の好きなことや得意なこと，人とは違う特性がみつけられる環境を備えています。学校に通っている時間，すなわち社会に出るまでの猶予の時間を無駄に過ごしてしまうと，自分の将来像を描くことができず，具体的な行動を起こすこともできません。

　キャリア教育と言っても，堅く考えるのではなく，いろいろなことを幅広くやることをカリキュラムに組み入れ，やらせてみることが大事です。いくら頭で考え，想像してみてもそこには限界があります。いろいろな活動を実際にやってみて，「もしかしたら，あんな仕事なら自分にもできるかもしれない」「自分の力をあんなところで活かせたらなぁ」と，自分の中にある可能性を心と体で感じてもらえば，まずはそれでよいのではないかと思います。先述したフェデラーに見るように，やってみなければ，自分に何が向いているのか，どんなことが好きかどうかはわかりません。

　キャリア教育とはいえ，人間の醜い部分や社会の汚い面などさまざまな面を見せることも大事です。いろいろな題材を通して多面的に迫り，生きていくには楽な部分だけではなく，辛さや厳しさが伴うことも伝えられるよう展開しましょう。両面を知ると，より自分事として考えられます。

# 3 これからのキャリア教育

　キャリア教育とは，一人ひとりの社会的・職業的自立に向け，必要な基盤となる能力や態度を育てることを通して，キャリア発達を促す教育のことです（中央教育審議会, 2011）。

　子どもが社会的に自立し，職業的に自立するのは，当たり前のように見

えて，実はなかなか難しいものです。それに加えて，これからの子どもには，受け身ではない主体的な生き方が求められています。

2015（H27）年8月，文部科学省の教育課程企画特別部会は「論点整理」をとりまとめました。そこには「2030年の社会と子供たちの未来」に向け，「予測できない未来に対応するためには，社会の変化に受け身で対処するのではなく，主体的に向き合って関わり合い，その過程を通して，一人一人が自らの可能性を最大限に発揮し，よりよい社会と幸福な人生を自ら創り出していくことが重要である」と記されています。また，同「論点整理」には，以下のようなことも述べられています。

「2030年には，少子高齢化が更に進行し，65歳以上の割合は総人口の3割に達する一方，生産年齢人口は総人口の約58%にまで減少すると見込まれている。同年には，世界のGDPに占める日本の割合は，現在の5.8%から3.4%にまで低下するとの予測もあり，日本の国際的な存在感の低下も懸念されている。

また，グローバル化や情報化が進展する社会の中では，多様な主体が速いスピードで相互に影響し合い，一つの出来事が広範囲かつ複雑に伝播し，先を見通すことがますます難しくなってきている。子供たちが将来就くことになる職業の在り方についても，技術革新等の影響により大きく変化することになると予測されている。子供たちの65%は将来，今は存在していない職業に就く（キャシー・デビッドソン氏（ニューヨーク市立大学大学院センター教授））との予測や，今後10年〜20年程度で，半数近くの仕事が自動化される可能性が高い（マイケル・オズボーン氏（オックスフォード大学准教授））などの予測がある。また，2045年には人工知能が人類を越える「シンギュラリティ」に到達するという指摘もある。

このような中で，グローバル化，情報化，技術革新等といった変化は，どのようなキャリアを選択するかにかかわらず，全ての子供たちの生き方に影響するものであるという認識に立った検討が必要である」

シンギュラリティとは技術的特異点のことで，人工知能が人間より賢く

なる時のことを指します。こうした時代を生きるこれからの子どもには，新しい知識を受け身で消化するだけでなく，一つひとつを主体的に選択し，物事を自分で決定して，たくましく生きていける力が必要です。

　つまり，子どもが次から次に生じる課題に対して，困難を創造的に解決していける力があるか否か，他律的でなく主体的に人生を選択する力があるか否かが，鍵になるのです。

# 4 進路指導とキャリア教育

　進路指導は，子どもが自ら，将来の進路を選択・計画し，自身の能力を伸ばせるように，指導・援助することで，対象となるのは，中学校や高等学校段階が中心です。

　進路指導は，一人ひとりの社会的・職業的自立に向けた能力を育むものですが，進学や就職の指導や相談にとどまらず，生き方や人生設計をめぐる積極的な教育も行っているはずで，図1に見るようにキャリア教育に内包されます。

　キャリア教育が緊張感を持ってとらえられるようになったのは，労働市場が不安定化する中で，学校卒業後の職業生活や社会生活を意識した職業社会への移行の支援が欠かせない状況となったためです（木村，2015）。キャリア教育は就学前段階から，小・中学校，高等学校，高等教育全体を通してなされるものです。

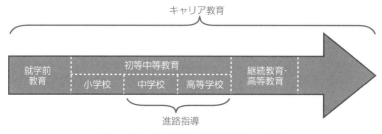

図1　キャリア教育と進路指導との関係

〈出典〉文部科学省『中学校キャリア教育の手引き』（2011年，p.38）

　こうした進路指導やキャリア教育をめぐっては，家庭環境の影響が強く，格差が大きいというのが実際のところです。ゆとりのある家庭では，夕食時に保護者とともにさまざまな話題について議論する機会を持つでしょうし，大学や大学院のこと，その後の職業などについて常日頃から話をするでしょう。反対に日々の生活に余裕のない家庭では，親子で進学の話どころか，子どもの将来について話し合うことなどもないでしょう。

　実は，後者の子どもたちにこそ，より一層キャリア教育が必要だと思われます。どんな家庭環境にあったとしても，子どもにはそれぞれに可能性があり，未来があります。子どもたちの実態を踏まえ，適切なキャリア教育を展開することが学校には求められています。

# 5 ｜ キャリア・カウンセリングとは

　キャリア・カウンセリングとは，子どもたちが自らの意志と責任で進路を選択することができるようにするために，個別またはグループ別に行う指導援助のことです。コミュニケーションを通して子どもの主体性に働きかけるキャリア・カウンセリングが大事です。子どもたちが将来自立して生きていけるよう自分の生き方を見つめられるように，「子どもに語らせる」「子どもたちに語り合わせる」ことを意識して行います。

　キャリア・カウンセリングでは，手法としてコーチングを活用するのもよいと思います。コーチングでは，子どもと何度も双方向でやりとりして，子ども自身に解を見つけてもらうようにします。将来について先生が指図するわけではなく，子どもに何度も問いかけながら，子どもが考え，子どもに自分で決めてもらいます。

　子どもに問えば，当然時間もかかります。しかしながら，周りの大人から与えられた解と自分で考えて選んだ解。たとえ同じ解であったとしても，自分で選んだ解に対しては，本人のその後の取り組みが異なります。先生が指示して解を出せば短時間で済みますが，それで子どもは納得するでしょうか。子どもの将来に向けた行動が変わるでしょうか。

　キャリア教育を行っていると，どうしても教師がアドバイスや結論を先

に言いたくなります。「こんな仕事が向いているんじゃないの？」，あるいは「今の成績からすると，この学校がちょうどよい」と。そうではなく，子どもに自己決定させることが重要です。とりわけ将来については，先生や親が決めたのではなく，「自分で決めた！」という自己決定のプロセスが意味を持ちます。

　いつも教師や親から指示され，自分で決めたことがない子どもは将来，「お母さんが勧めたからこの会社に入ったけど，失敗した！ こうなったのはお母さんのせいだ！」とか，「あの先生が向いていると言ったので，教師になったんだけど，学級崩壊した。全然向いてないじゃないか！ あの先生の指導は間違っていた」といった具合に，人の責任にしてしまいます。

　誰しも，人生にはつまずくものです。しかし，たとえつまずいたとしても，他の人のせいにしてもらっては困ります。自分の人生は自分で責任をとらないと，いつまで経っても自立できません。

# 6 ｜ キャリア・パスポート

　学習指導要領の改訂に伴って2020年度より，「キャリア・パスポート」が小学校から高等学校までの全学校段階を通して用いられることとなりました。キャリア・パスポートとは，「児童生徒が，小学校から高等学校までのキャリア教育に関わる諸活動について，特別活動の学級活動及びホームルーム活動を中心として，各教科等と往還し，自らの学習状況やキャリア形成を見通したり振り返ったりしながら，自身の変容や成長を自己評価できるよう工夫されたポートフォリオのこと」です。

　キャリア・パスポートを継続的に作成することを通じて，子どもが自分の変容や成長を自己評価し，将来を展望できるようになることをねらっています。

# 7 ｜ キャリア教育の全体図と基礎的・汎用的能力

　表1は，子どもの発達段階に沿ったキャリア教育の全体図です。長期的

表1　キャリア教育の全体図

| | 職業的（進路）発達の段階 | 職業的（進路）発達課題 |
|---|---|---|
| 小学校 | 進路の探索・選択にかかる基盤形成 | ・自己及び他者への積極的関心の形成・発展<br>・身のまわりの仕事や環境への関心・意欲の向上<br>・夢や希望，憧れる自己のイメージの獲得<br>・勤労を重んじ目標に向かって努力する態度の形成 |
| 中学校 | 現実的探索と暫定的選択 | ・肯定的自己理解と自己有用感の獲得<br>・興味・関心等に基づく職業観・勤労観の形成<br>・進路計画の立案と暫定的選択<br>・生き方や進路に関する現実的探索 |
| 高等学校 | 現実的探索・試行と社会的移行準備 | ・自己理解の深化と自己受容<br>・選択基準としての職業観・勤労観の確立<br>・将来設計の立案と社会的移行の準備<br>・進路の現実吟味と試行的参加 |

〈出典〉文部科学省『小学校 キャリア教育の手引き（改訂版）』2011年

展望に立って，学校段階を意識しながら進める必要があります。

「分野や職種に関わらず，社会的・職業的自立に向けて必要な基盤となる能力」として中央教育審議会が再構成したものが，基礎的・汎用的能力です。基礎的・汎用的能力とは，どの職業についてもその土台となり，いろいろな所で役立つ能力であり，一人ひとりの社会的・職業的自立に向け基盤となる能力や態度のことです。

基礎的・汎用的能力は，表2のように「**人間関係形成・社会形成能力**」「**自己理解・自己管理能力**」「**課題対応能力**」「**キャリアプランニング能力**」の四つに分けられます。実際には，長期的展望に立ってこれら四つの基礎的・汎用的能力を盛り込みながら，キャリア教育を進めていくことになります。

# 8 職場体験活動

キャリア教育では体験学習が重視されます。発達段階によって小学校では「職場見学」，中学校では「職場体験活動」，高等学校では「インターンシップ」という活動が推進されています。

特に，中学校の職場体験学習は高い実施率となっており，学校によって

表2　基礎的・汎用的能力

| 人間関係形成・社会形成能力 | 多様な他者の考えや立場を理解し，相手の意見を聞いて自分の考えを正確に伝えることができるとともに，自分の置かれている状況を受け止め，役割を果たしつつ，他者と協力・協働して社会に参画し，今後の社会を積極的に形成することができる力 |
|---|---|
| 自己理解・自己管理能力 | 自分が「できること」「意義を感じること」「したいこと」について，社会との相互関係を保ちつつ，今後の自分の可能性を含めた肯定的な理解に基づき主体的に行動すると同時に，自らの思考や感情を律し，かつ今後の成長のために進んで学ぼうとする力 |
| 課題対応能力 | 仕事をする上での様々な課題を発見・分析し，適切な計画を立ててその課題を処理し，解決することができる力 |
| キャリアプランニング能力 | 「働くこと」を担う意義を理解し，自らが果たすべき様々な立場や役割との関連を踏まえて，「働くこと」を位置づけ，多様な生き方に関する様々な情報を適切に取捨選択・活用しながら，自ら主体的に判断してキャリアを形成する力 |

〈出典〉文部科学省『キャリア教育の手引き』2011年

は「トライやる・ウィーク」や「インターンシップ」といった名称で行われています。職業の実像をつかみながら，望ましい勤労観，職業観を身につけたり，社会的なルールやマナーを体得することなどがその目的です。**表3**は，職場体験等を行った子どもたちの感想です。

　地域の商店や保育所等と連携して，時間をかけて準備をし，数日間（5日程度）の体験活動を行うことが多く，その体験活動を通してそれまで知らなかったことや自己の可能性に気づくことができます。

　将来について，頭で考えることも大事ですが，実際にやってみることで，仕事の難しさや自分の可能性などを肌で感じることができます。この取り組みは，同年代の友達とは異なる，知らない大人と会話する機会にもなり，コミュニケーション能力や社会的スキルを身につけるうえでも意味を持ちます。自らトライし，動くことで，自分というものがわかれば，将来をデザインする一つのきっかけにもなるでしょう。

　ただし残念ながら，職場体験学習の実践が単なる体験のみに終わってし

表3　職場体験等の感想（※小学生は商店街の職場見学等）

| 小学校 | 中学校 | 高等学校 |
|---|---|---|
| ・ いつも私たちをまもってくれてありがとう。<br>・ 大きくなったら，私も看護師さんになりたいな。<br>・ お店で働いている人は，みているよりずっとたいへんだな。<br>・ いろいろな仕事を見て，夢がまた増えました。<br>・ うちのお父さん，お母さんの仕事もたいへんんだなと思った。 | ・ 仕事の厳しさや楽しさを知り，働くことの大切さを感じた。<br>・ 親やまわりの大人たちがとてもがんばって働いていることに感心しました。<br>・ コミュニケーションの大切さを知りました。<br>・ 学校での勉強が大事だということがよくわかりました。 | ・ 将来なりたいと思っていた仕事だが，自分に向いてないと実感した。<br>・ 学び続けることの大切さを知り，これからの進路決定に役に立ちました。<br>・ 企業努力の大切さと現実の厳しさを実感した。<br>・ 部下に指示をだす場面をみて，部署の人間関係の大切さを感じた。 |

〈出典〉文部科学省「中学校職場体験ガイド 第1章 職場体験の基本的な考え方」より抜粋。

まっているケースもあります。職場体験学習のねらいや目的を明確にして，事前・事後指導を充実させ，質的向上を図るような実施計画にすることが重要です。さらに，保護者や職場体験先などとの連携や条件整備も不可欠となります。条件整備をしておかないと子どもたちにとって貴重な時間が無駄なものになります。

# 9 高等学校の中途退学

　高校生が，退学や進路変更を言い出すことは珍しいことではありません。高校は義務教育ではないので，自発的な進学意欲に基づいて通うことが前提のはずですが，残念ながら実態としてはそうではありません。

　例えば「〇〇大学に進学したい」「将来，ジャーナリストになりたい」「海外で仕事がしてみたい」「何になりたいのかはっきりわからないけれど，人とたくさんかかわる仕事に就きたい」というような将来に向けたビジョンがあればよいのですが，そうではなく「とりあえず高校くらいは行っておいたほうがよい」と，周りに促されて進学する生徒も少なくありません。

　その結果，適性に合致しない高校や学科に入学してしまい，「高校を辞めたい」「学校をかわりたい」などと言い出すこともあります。進路変更

をしたところで続かないことが多いのもこれまた事実です。

　安易に中退してしまった後で，高校卒業の資格がその後の人生に重くのしかかることに気づく生徒もいます。就職にあたっては高校卒業を必須条件としている所が多く，中途退学者には思うような職が得られない現実があるのです。

　高校の全生徒数に占める中途退学者の割合は，図2に示すように2022(R4) 年度で1.4％となっており， 2 ％を超えていた時代からすれば，近年は減少傾向にあります。それでも年間43, 401人が中途退学しているのも事実です。中退の主たる理由は，学業不振や学校生活・学業不適応，進路変更といったものが主なものです。

# 10 │ 高等学校卒業程度認定試験

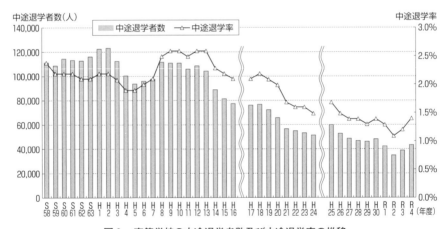

**図 2　高等学校の中途退学者数及び中途退学率の推移**

〈出典〉文部科学省初等中等教育局児童生徒課『令和 4 年度 児童生徒の問題行動・不登校等生徒指導上の諸課題に関する調査結果について』令和 5 年10月 4 日

　「高等学校卒業程度認定試験」は，「高認」という略称で知られているものです（学びリンク株式会社, 2023）。以前は大学入学資格検定（大検）でしたが，2005 (H17) 年から「**高等学校卒業程度認定試験（高認）**」と制度変更され，「大学入学資格」から「高校卒業程度」を示すものへと意味合いを変えま

した。さまざまな理由で高等学校を卒業できない者・しない者の学習成果を評価し，高等学校を卒業した者と同等以上の学力があるかどうかを文部科学省が認定するための試験です。

　具体的には，高校に進学しなかった人や高校を中退した人，高校に通っていても早く修了してしまいたい人などが受験します。16歳以上であれば受験できます。15歳であっても，受験する年度内に16歳以上になっていれば受験できます。試験結果は，受験してからおよそ1カ月後に通知されます。ただし，すべての科目で合格点を得ても，正式に高認合格の効力が生じるのは18歳の誕生日からです。合格すれば，大学・短大・専門学校の受験資格が得られます。また国家試験や採用試験も受験できます。

　事情があって高校を卒業しなかった者が，その後大学に進学したいと思っても高校を卒業していなければ受験資格がありません。高校卒業の資格を得たいと考えたとき，「高等学校卒業程度認定試験」の合格を目指すのは自然なことといえます。

　非行少年の矯正教育機関である少年院でも，彼らの将来を見据えて職業訓練が行われ，各種資格を取ることに力を入れますが，「高等学校卒業程度認定試験」もその一つとして重視されています。少年院を出院した後，職に就くにあたって，高校を卒業していないと希望の職に就けないなど，厳しい現実が待っているからです。**図3**は，2020（R2）年度出願者の最終学歴を示したものです。

　「高等学校卒業程度認定試験」は，毎年8月と11月の年に2回試験が実施されます。いずれも連続した2日間で行われ，各科目の合格率は40％前後です。開設されている科目は**表4**の通りで，高校在学歴や資格試験などの科目免除を利用しない場合は，8〜10科目（公民や理科の科目の選び方によって必要な科目が変わる）を受験します。一度にすべて合格する必要はなく，数科目ずつ数年かけて合格してもかまいません。何度でも受けられるのです。

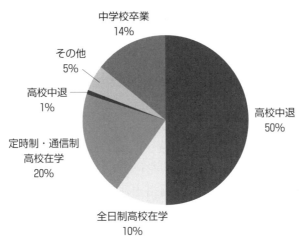

中学校卒業
14%

その他
5%

高校中退
1%

定時制・通信制
高校在学
20%

高校中退
50%

全日制高校在学
10%

**図3　出願者の最終学歴**

〈出典〉学びリンク編集部『高認があるじゃん！ 2021-2022年版（高卒認定試験完全ガイド）』（学びリンク，2021年，p.14）

**表4　試験科目**

| 教　　科 | 試験科目 | 合格要件 |
|---|---|---|
| 国　　語 | 国語 | 必修 |
| 数　　学 | 数学 | 必修 |
| 外国語 | 英語 | 必修 |
| 地理歴史 | 世界史A　世界史B | 世界史A，世界史Bのいずれか1科目必修 |
| | 日本史A　日本史B<br>地理A　地理B | 日本史A，日本史B，地理A，地理Bのうちいずれか1科目必修 |
| 公　　民 | 現代社会 | 以下のどちらか必修<br>・現代社会1科目<br>・倫理及び政治・経済の2科目 |
| | 倫理 | |
| | 政治・経済 | |
| 理　　科 | 科学と人間生活<br>物理基礎　化学基礎<br>生物基礎　地学基礎 | 以下のどちらか<br>・科学と人間生活の1科目と物理基礎，化学基礎，生物基礎，地学基礎のうち1科目（合計2科目）<br>・物理基礎，化学基礎，生物基礎，地学基礎のうち3科目（合計3科目） |

〈出典〉文部科学省総合教育政策局生涯学習推進課「高等学校卒業程度認定試験」公式ホームページを参照し，筆者が作成。

**コラム14　何になるのかを決めるのは難しい**

　「子どもは，自分でなりたいものを決めたらよいし，自分で選んだ人生を伸び伸びと歩いていってほしい」と大人は考えると思うのですが，当事者である子どもは，「自分で自分の将来を決めてよいと言われても，そう簡単なことではない」と感じます。子どもはそもそも自分のことをよくわかっていないからです。どんなことが好きか，どうやって生計を立てていきたいのかなど。

　そんな時お勧めしたいのが，第6章で紹介したコーチングの活用です。大人の持っている解が常に正しいとは限りません。解はあくまで子どもの中にあります。子どもを信じ，本人にいろいろ質問してみましょう。「好きなことは何か」「10年後どんな姿でいたいか」「どんな人生を歩みたいのか」など。

　慌てて結論を出すのは，お勧めできません。大人が決めてしまえば楽ですが，子どもの発する言葉を待ち，聴き続けることが大事です。大人が決めるのではなく，子どもが考えることをじっくり支えます。おのずと時間はかかりますが，それでも子どもが自分なりの解をみつけ，自分からその解に向かって歩き始められたら，それでよいのではないでしょうか。

**演習**　自分が目指している職業について，なぜなりたいのかやその職業に就くことができたとしたらどんなことをやってみたいのか，そのためにはどんな準備が必要かなど，お互いに話してみましょう。

第14章

# 危機管理

## 1 | 日常的な記録

　これからの生徒指導では，データが重視されます。その一つが「**記録**」です。本章で取り上げる記録は，担任が日常的に書き留めておく生徒指導上の記録です。授業を行うのに加えて記録を取るとなると，面倒だと感じるかもしれません。しかし，担任が記録を取ることは生徒指導では欠かせないものです。子どもや保護者に丁寧に説明するためにも，さらには自分を守るためにも，記録は必ず取りましょう。なお，文字で残す記録のほか，必要であれば写真や現物なども記録として残します。

### (1) 記録の目的

　例えば，子どもが喧嘩をしたとき，あるいは保護者から電話で苦情を受けた際など，その日時や時刻，内容等について残しておくと，あとで助かります。「時間がないから記録を取る暇なんてない」ではなく，「時間がないから記録を取っておく」ことが大事です。

　もし記録がなければ，そのあと誰かにその指導がどうだったのかを問われても，説明が難しくなるからです。「事実として何があったのか」「そのとき教師がどのように動いたのか」，すなわち「客観的事実」が見えるように書かれた記録を残しておくことが，子どもだけでなく教師が自分を守るためにも必要です。

　単に説明や釈明のためだけに記録するのではありません。日常の「子ど

も理解」や「学級経営」,「保護者対応」にも役立ちますし,「通知表や指導要録の記載」にも役立てることができます。ぜひ書き留めて残す癖をつけましょう。

## (2) 記録を書く時の注意

日々の業務の中で行うわけですから,記録は簡単なもので大丈夫です。何を記録するのかの判断は難しいかもしれませんが,「このあと問題になるかもしれない」と感じた場合は,必ず記録するようにします。記録する時の注意を下記に五つ挙げます。

### ① 日付や時間は正確に,時系列で書く

日にちとともに,時間も書きます。時間を書くメリットは,正確性が増すということと前後関係の説明も含めて明確になるという点です。記録は,指導をした証でもあり,訴訟等においては証拠資料となるものでもあります。あとで見てわかるように時系列で書きましょう。**表1**に例を示しています。

### ② 事実をそのまま書く

子どもや保護者が発した言葉は,そのまま「カギカッコ」を使って書きます。

(正しい例) ○○さんは「……」と言った。

もし,その時の状態を説明したいのであれば,次のように表記するのは事実なので問題ありません。

(正しい例) ○○さんは「……」と言った。その時とても怒っていた。

### ③ 事実と評価を分け,事実のみを書く

(誤った例) ○○さんは「……」と言うなどし,大きな声で激怒していた。過保護に育てられており,幼稚で感情のコントロールが効かない。

自分の余計な評価まで書かれているので,正しい表記の仕方とは言えません。

(正しい例) ○○さんは「……」と言い,大きな声で激怒していた。

激怒していたことは,事実なので書いてもかまいません。

表1　(例) T君の記録

| 7月1日 (月) | 9時50分頃 | Sと数学の授業が始まってすぐ言い争いになる。本人は，「自分の机の上にSの教科書があったから」と言う。 |
| | 15時すぎ | Kに対して大きな声で「お前なんか死ね」と罵倒した。理由はKに聴いてもわからない。Kはびっくりしている。Tを別室に呼んで聴いても答えない。 |
| 7月2日 (火) | 8時40分頃 | 雨で，自分の濡れた傘を教室で振り回す。他の子どもに水滴がかかる。注意すると1階の下駄箱に傘を持って行った。 |
| | 11時半 | 3時間目の社会の授業はずっと机に伏せていた。起きるように声をかけると，素手で私の頬を叩いてきた。 |

### ④ 主観で書かない

(誤った例) ○○さんはいつも落ち着きがなく，ADHD が疑われる。

(正しい例) ○○さんは多方面に興味が向いてしまい，落ち着いて座ることが
　　　　　　難しい。

　ADHD の診断を受けてもいないのに，勝手に書いてはいけません。

### ⑤ 保存する

　「いじめ重大事態の調査に関するガイドライン」に基づけば，いじめに関する情報を把握した場合の記録の**保存期間は少なくとも5年間**です。定期的に実施するアンケートや個人面談の記録等も，同様に5年間ないしは卒業時まで保存しておいたほうがよいでしょう。

　担任を外れたあと数年後に，いじめ重大事態事案になることはよくあることです。

　その間に記録を紛失していたり，廃棄していたりすると，事案の解決が難しくなるだけでなく，不適切な対応であるとして指摘を受けることにもなります。

# 2 | 聴き取り

　記録を取る時に最もあなどれないのが，聴き取りです。聴き取りは記録と対になる作業であり，その後の対応の鍵を握るものです。聴き取りの際に生じやすい間違いを以下に記します。

## (1) 聴き取りと指導を混同しない

　聴き取りで最も多くしがちな間違いが，聴き取りと指導がごちゃ混ぜになることです。子どもに聴き取りをしながら，「何でそんなことをしたんだ！」などと事実と評価を分けず，聴き取りの最中に指導してしまう間違いです。子どもからすれば，叱られるのであればそれ以上は何も言いたくなくなります。それでは，正しい事実確認などできません。

　聴き取りの目的は，事実を把握し，その後どう対応するのかを判断するためです。子どもの話を聴きながら憤慨したくなる気持ちもわかりますが，事実を把握するためには，聴き取りの間は「話を聴くことに徹すべき」です。

　聴き取るときに聴き手の主観が入り込むことは避けなくてはいけませんから，「その時あなたはそう感じたんですね？」と，対象の子どもが主体になる聴き方をします。子どもが発した大事な言葉だと思われる部分は，そのまま記録します。

　事実を把握した後で，指導の必要があれば「その行為は〇〇さんを傷つけたかもしれないね。気をつけたほうがいいね」と，最後に指導（評価）すればよいでしょう。もちろん，聴き取ったとしても原因がわからない場合もあります。その際は，その場で判断しないで「また話を聴かせてね」と言って，校内でどう対応するのかを再度検討します。

## (2) 聴き手の興味に沿った聴き取りをしない

　時系列の聴き取りになっておらず，自分の興味のあることを聴き進めてしまう間違いも多いです。聴き取りは「時系列に沿って」行うことが鉄則です。「それでどうしたの？」「それからどうなったの？」と時間の流れに沿って事実を聴き取ります。

　テレビで見る芸能人の会見では，芸能記者が自分の興味のあることや記事になりそうなこと，映像で使いたいことを次々に聴いています。学校での聴き取りは，メディアのように多くの人に知らしめるために記事にしたり，映像にしたりするためのものではなく，時間の経過に照らして何が

あったのかを一つずつ丁寧に聴いて事実を明らかにしていくものです。

　子どもに何があったのか，なぜそうなったのかなどの事実とその経緯を理解することができたら，そのうえで誰に何をどう指導するのか，どの保護者やどの連携先に伝えるのかなど，具体的な対応を行います。そのためにも，正確に情報を得る必要があります。

## (3) 誰が聴き取るかや人数に気をつける

　聴き取りを行う際に不適切な者が担当したり，人数が不適切だったりする間違いもあります。複数で行わなければならないのに，一人で聴き取ってしまうような例です。一人で聴き取ると，その先生の興味・関心に沿った聴き方になったり，聴き漏らしたりするリスクが生じます。さらには，聴き取った内容に聴き取り手の余計な解釈が加味されてしまうこともあります。反対に人数が多すぎると，子どもに威圧感を与えることになります。複数といっても2人ないしは3人くらいまでとするのがよいでしょう。

　聴き取りは担任が行うことが多いかもしれませんが，例えば，女子に対する猥褻事案が疑われる場合の聴き取りであれば，女性教員が行ったほうがよいでしょう。また，担任とはいえ子どもにとって話しづらい担任であれば，他の人が聴き取ることも考えましょう。誰が聴き取るのがよいのか，初期段階のアセスメントで判断します。

## (4) 聴き取りを行う場所には配慮する

　聴き取りを行う際に誤った場所を選んでいることがあります。早く済まそうと教室の隅のほうで聴き取りを行ってしまうと，他の子どもにも話の内容が漏れてしまいます。聴き取りは，他の子どもに聞かれやすいところでは行わない，つまり，別室で行うのが鉄則です。

　他の子どもに聞かれると当人が不快なだけでなく，漏れ聞こえた話を他の子どもが勝手に解釈するなどして，誤解を含んだ噂となって広まる可能性もあり，とても危険です。

## (5) 聴き取りの時間は短くする

　聴き取りの時間が長すぎて不適切なこともあります。長時間にわたって聴かれたり，指導されたりすると，子どもは逃げ場がないような気持ちになり，視野狭窄状態になって，場合によっては校舎や近くのビルから飛び降りることなどもあるので注意が必要です。

　聴き取りが長くなる理由は，何を聴き取るのかを事前に明確にしていなかったり，２の（１）で示したように聴き取りと指導が混同していたりするからです。ダラダラと時間が長くなると，子どもを追い込んでしまいます。事前に，聴き取る内容を確認したうえで聴き取りに専念し，最小限の時間 (長くても30分〜１時間以内) で行うようにしましょう。

# 3 ｜ 子どもたちの安全

　子どもは，教師が思いもつかないような危険なことを，好奇心いっぱいのわくわくした気持ちでやります。危ないことも遊びの一環としてやってしまうのが子どもです。とはいえ，学校は安心・安全でなければなりません。子どものしている遊びが「危ない」行為かどうか，設備が「危ない」状態のままさらされていないか，その性質を大人である教師は見極めなければなりません。近年では，熱中症や食物アレルギーなど，配慮すべき事柄が多岐にわたるようにもなってきました。

### 【対応の一例】

**熱中症**：活動前に適切な水分補給を行うとともに，必要に応じて水分や塩分の補給ができる環境を整え，活動中や終了後にも適宜補給を行う。熱中症の疑いのある症状が見られた場合には，早期に水分・塩分補給，体温の冷却，病院への搬送など適切な処置を行う (環境省「熱中症予防情報サイト」)。

**食物アレルギー**：食物アレルギーを有する児童生徒にも給食を提供するが，そのためにも安全性を最優先とする。安全性確保のため，原因食物の完

全除去対応（提供するかしないか）を原則とする。学校および調理場の施設設備，人員等を鑑み，無理な（過度に複雑な）対応は行わない（文部科学省「学校給食における食物アレルギー対応指針」）。

# 4 保護者対応

　教員の精神性疾患による病気休職者は依然として高水準（約7割）で（**図1**），在職者全体に占める割合は0.6％程度です。こうした精神性疾患から退職に至る教員も珍しくありませんが，その一部は保護者対応に悩んだことがきっかけとなっています。

　近年，保護者対応は特に難しくなったと言われています。ひっきりなしに些細なことで学校に電話をかけてくる，部活の都合で携帯電話番号を子どもに伝えたらその携帯電話に保護者からの苦情が頻繁に入る，物品の賠償を求める不当な要求が止まない，学校を転勤しても新しい勤務校まで出向いて苦情を言い続ける，といった極端な事例もあります。

　多くはわが子の子育てが不安で仕方がない保護者からの要求です。保護者は教師にじっくり話を聞いてほしいと思っていますし，教師に期待もし

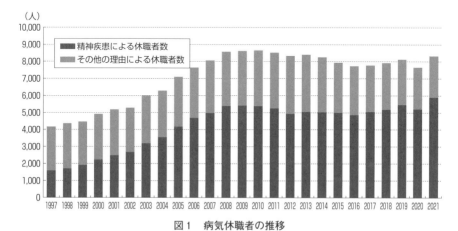

**図1　病気休職者の推移**

〈出典〉文部科学省「令和3年度　公立学校教職員の人事行政状況調査について」令和5年1月16日をもとに作成。

ているので，相当のエネルギーを要するにもかかわらず訴えてきます。基本的な姿勢として保護者の気持ちに寄り添い話を聞くことが大事です。

　保護者の訴えについて，学校が特に気をつけなければならないのは，初期対応を軽視しないことです。医療の場でも，訴訟まで持ち込まれるのは，最初の医師の印象だと言います。保護者対応も同様で，最初に教師が適切な説明や適切な対応をしていれば，不満を持たれることも少なくなります。

　いじめの問題を例にとってみましょう。「うちの子はいじめを受けている」と，保護者が申し出たにもかかわらず，よく調べもせずに「それはいじめではない」と担任が勝手な判断をし，より一層深刻な事態になることがよくあります。いじめではないと即断せずに，保護者がなぜそうした申し出をしてきたのかをよく聴き，必要であれば早急に調査を開始すべきでしょう。その結果，軽微なことであるとわかったとしても，真摯にそして丁寧に説明します。そうした対応をすれば，両者の間に深い溝が生じることは避けられます。

# 5 ｜ 危機対応とメディア対応

## (1) 時化 (しけ) の日は突然に

　マキャベリの『君主論』には「永年，君位についていたイタリアの諸君候が，しまいに国を奪われたからといって，責任を運命に負わせては困るのだ。これは，彼ら君主のせいである。──いいかえれば，凪 (なぎ) の日には時化 (しけ) のことなど想ってもみないのは人間共通の弱点であって──彼らもまた，平穏な時代に天候の変わるのをまったく考えなかった」という一文があります。確かに人は安泰でいるとき，安泰であるということにすら気づかずに，ただただ安穏として日々過ごしてしまいます。

　しかしながら，残念なことに学校では突然，事件や事故が起きることがあります。いわゆる時化の日です。学校で事故や事件が生じると，メディア対応に迫られます。私たちは通常，視聴者として日々テレビや新聞を見ていますが，自分自身が被写体や記事そのものとなるような経験はないの

で，その対応には慣れておらず，失態を晒して批判されることも珍しくありません。

　マスコミ対応に追われる方の映像を見ると，食することもできず，寝ることもままならず，心身が疲労していることが画面からもうかがえます。自分が責任を問われるその立場にならなければ，そのつらさは誰しもわからないでしょうが，それならば時化の日が来ないように予防し，たとえ時化の日が来たとしても，その時化が最小になるように準備しておくことが大事です。

## (2) メディア対応は日頃から意識しておく

　普段意識することはありませんが，学校という所は公的な機関ゆえ，社会一般から見ると，権力を備えた場所ということになります。そうした学校の置かれた立場を認識しておくことがまずは大事です。例えば，メディア対応の中で，一般の人にわかりにくい教育用語をそのまま使ったり，学校でしか通用しないような論理で記者会見を行ったりすれば，自ずと横柄で権威的に見えてしまうということです。

　学校とメディアでは，視点や表現の仕方も違うので注意が必要です。新聞であれば，最初に結論から書いていきます。見出しとリード文（いつどこでといった最初に書く記事の概要）さえあれば，記事はとりあえず成立し，言いたいことは伝わります。これに対して，学校関係者の話はリード文がなく，途中経過を含めて，長々と説明する傾向にあり，何が言いたいのかよくわからないことがあります。伝えたいことは，冒頭で明確に伝えるようにしましょう。

　事件が発生した場合には，丁寧な対応が求められるため，ポジション・ペーパー（公式見解あるいは統一見解のことで，当該問題に対する事実関係を客観的に示す文書のこと。事案の概要，現在までの経過，原因，今後の対策，学校としての見解，問い合わせ先などを含む）を作成する必要があります。会見の場面では，記者やカメラだけを意識して対応せず，メディアを通して見ている読者や視聴者，世間全体に対して語ることを意識します。**全方位かつボーダレスの発信が基本**です。

　一般の人は，新聞やテレビという媒体を通して，学校が会見にどういう

姿勢で臨んでいるか，そのスタンスを冷静にじっと見ています。つまり，単に言葉だけでなく，問題に真摯に向き合っているかどうか，そうした学校の姿勢を見ているのです。これらを意識してメディア対応に臨まないと，意図しないところで保護者や読者，視聴者に誤解を与えてしまいます。

　会見では，発言の内容はもちろん大事ですが，髪型，スーツ，ネクタイ等見た目も大事です。危機は突然にやってくるので，その気持ちや余裕のなさはよくわかりますが，急であろうが，いくら疲れていようが，謝罪会見であれば謝罪の気持ちが見た目からも伝わるように，身支度をする必要があります。

　今や学校も，メディア対応を通して説明責任を果たせなければ，社会に承認されない時代に入っています。慌ただしくメディア対応に追われると，浮足立ってしまって，言いたいことをうまく伝えられません。メディア対応を日頃から意識し，備えていれば，少なくともリスクは減らせます。

> ### コラム15　弁護士さんの仕事に学ぶ　その2（第9章にその1）
>
> 　弁護士さんは，職業柄当たり前のことではありますが，聴き取り（事情聴取）が上手です。弁護士さんは，書面を書くために聴き取りを行うので，詳細にそして冷静に事実を聴き取っています。
>
> 　書面を書くにあたって，彼らは事実と評価を必ず分けています。事実を積み重ねてようやく評価にたどりつく書き方をしているのです。これこれの事実を合わせると，こう結論づけられる（評価）という書き方ですから，事実は事実として記し，評価はそのあとです。忙しい学校現場では，つい事実と評価を一緒にしてしまいがちですが，記録を取る際にも，冷静に事実と評価を分けることを意識したいものです。

**演習**　自分の学校で天井が落ちる事故があったことを受けて，記者会見する練習をしてみましょう（事故の事案は適切だと思われるものを選んでください）。

# おわりに

　教育にかかわる情勢や人々の人権へ向けた意識等，このところ速いスピードで変わっています。『生徒指導提要』の改訂（2022年12月）はその表れともいえるでしょう。筆者のように大学で生徒指導の授業を担当し，研究に携わっている者であっても，こうした変化を受け止めるのに苦労している状況ですから，教職課程で学んでおられる学生さんや現場の先生方はなお一層大変なのではないかと想像します。

　『四訂版 入門生徒指導』を修正したものが本書です。『生徒指導提要』の改訂に対応した書となっています。作成にあたっては，京都教育大学連合教職大学院修了生を含め，多くの方々からたくさんのご協力をいただいています。改訂するたびに，そうした方々から随分と助けられていることを実感してもいます。

　また，学事出版社には，今回も本書の改訂を認めていただきました。編集者の町田春菜氏には，毎回のことではありますが，丁寧に編集していただくだけでなく，時流を見据えた適切なアドバイスも頂戴し，さらには筆者の思いを形にしていただいて，感謝の気持ちでいっぱいです。厚く御礼申し上げます。

　本書が，教職を目指すみなさんや現場ですでに働いておられるみなさんに役立つことがあれば，とても嬉しく思います。

2023年夏　片山紀子

## 引用・参考文献

**第1章**

片山紀子編著，原田かおる著（2017）『知ってるつもりのコーチング―苦手意識がなくなる前向き生徒指導』学事出版

片山紀子・太田肇・森口光輔（2021）『職員室をつくる承認の科学―学校を働きがいのある職場にするためのヒント』ジダイ社

片山紀子・藤平敦・宮古紀宏（2021）『日米比較を通して考えるこれからの生徒指導―なぜ日本の教師は生徒指導で疲弊してしまうのか』学事出版

甲斐田万智子（2021）「『子ども庁』の創設」教育の未来を研究する会『最新教育動向 2022―必ず押さえておきたい時事ワード60&視点120』明治図書　pp.74-77

白井俊（2020）『OECD Education 2030 プロジェクトが描く教育の未来―エージェンシー，資質・能力とカリキュラム』ミネルヴァ書房

松尾知明（2020）『「移民時代」の多文化共生論―想像力・創造力を育む14のレッスン』明石書店

松村暢隆（2021）『才能教育・2E 教育概論―ギフテッドの発達多様性を活かす』東信堂

文部科学省（2022）『生徒指導提要』

Army C. Edmondson（2012）*Teaming: How Organizations Learn, Innovate, and Compete in the Knowledge Economy*, Jossey-Bass

**第2章**

片山紀子編著，原田かおる著（2017）『知ってるつもりのコーチング―苦手意識がなくなる前向き生徒指導』学事出版

片山紀子・太田肇・森口光輔（2021）『職員室をつくる承認の科学―学校を働きがいのある職場にするためのヒント』ジダイ社

片山紀子・藤平敦・宮古紀宏（2021）『日米比較を通して考えるこれからの生徒指導―なぜ日本の教師は生徒指導で疲弊してしまうのか』学事出版

加澤恒雄・広岡義之編著（2007）『新しい生徒指導・進路指導―理論と実践』ミネルヴァ書房

八尾坂修・片山紀子・原田かおる（2016）『教師のためのコーチング術』ぎょうせい

**第3章**

榎本博明（1997）『自己開示の心理学的研究』北大路書房

片山紀子・水野雄希（2017）「教員の自己開示は，仕事を充実させるか―教員経験年数の違いに着目して」『京都教育大学紀要』131号　pp.47-60

トーマス・リコーナ著，三浦正訳（1997）『リコーナ博士のこころの教育論―〈尊重〉と〈責任〉を育む学校環境の創造』慶應義塾大学出版会　p.77

**第4章**

大石勝男（1990）「生徒指導主任に求められる資質」『生徒指導主任読本』教育開発研究所　pp.15-16

尾田栄一郎（1999）『ONE PIECE』第10巻　集英社

片山紀子編著，森口光輔著（2017）『やってるつもりのチーム学校―協働が苦手な先生たちも動き出す校内連携のヒント』学事出版

神内聡（2019）『学校内弁護士―学校現場のための教育紛争対策ガイドブック 第2版』日本加除出版

神内聡（2020）『学校弁護士―スクールロイヤーが見た教育現場』角川新書

清水井一（2007）「生徒指導と生徒指導主事の役割」有村久春編『教職研修総合特集 新編 生徒指導読本』No.178 教育開発研究所 pp.144-147

周防美智子・片山紀子（2023）『生徒指導の記録の取り方―個人メモから公的記録まで』学事出版

吉田順（2016）『その手抜きが荒れをまねく―落ち着いているときにしておく生徒指導』学事出版

**第5章**

磯谷文明・町野朔・水野紀子編集代表（2020）『実務コンメンタール 児童福祉法・児童虐待防止法』有斐閣

井上明美「第8章 教育相談」片山紀子監修，長瀬拓也・伊田勝憲編著（2020）『実践・事例から学ぶ生徒指導』トール出版 pp.138-158

片山紀子「教育相談」篠原清昭編著（2016）『新・教職リニューアル―教師力を高めるために』ミネルヴァ書房 pp.115-126

片山紀子「教育相談と生徒指導」森田洋司・山下一夫 監修（2020）『チーム学校時代の生徒指導』学事出版 pp.100-112

金澤ますみ「第7章 子どもを危機から救う」片山紀子監修，長瀬拓也・伊田勝憲編著（2020）『実践・事例から学ぶ生徒指導』トール出版 pp.122-123

周防美智子・片山紀子（2023）『生徒指導の記録の取り方―個人メモから公的記録まで』学事出版

中央法規出版編集部（2020）「キーワードでわかる児童虐待防止法ガイドブック 令和2年4月改正版」中央法規出版

藤本修・関根友実（2016）『精神科医の仕事，カウンセラーの仕事―どう違い，どう治すのか？』平凡社

文部科学省「SSW ガイドライン素案」『教育相談等に関する調査研究協力者会議（第3回）2015年12月4日〜』配布資料

**第6章**

安藤俊介（2008）『アンガー・マネジメント―イライラ、ムカムカを一瞬で変える技術』大和出版

片山紀子編著，原田かおる著（2017）『知ってるつもりのコーチング―苦手意識がなくなる前向き生徒指導』学事出版

河村茂雄他（2007）『学級ソーシャル・スキル CSS』図書文化社

國分康孝（1981）『エンカウンター―心とこころのふれあい』誠信書房

平木典子（2009）『改訂版 アサーション・トレーニング―さわやかな〈自己表現〉のために』金子書房

八尾坂修・片山紀子・原田かおる（2016）『教師のためのコーチング術』ぎょうせい

**第7章**

荒川五郎（1910）「殴打は必しも体罰にあらず」『教育時論』開発社

太田肇（2016）『最強のモチベーション術―人は何を考え、どう動くのか？』日本実業出版社

片山紀子（2008）『アメリカ合衆国における学校体罰の研究―懲戒制度と規律に関する歴史的・実証的検証』風間書房

片山紀子編著，原田かおる著（2017）『知ってるつもりのコーチング―苦手意識がなくなる前向き生徒指導』学事出版

片山紀子編著，若松俊介著（2017）『深い学びを支える学級はコーチングでつくる』ミネルヴァ書房

片山紀子・藤平敦・宮古紀宏（2021）『日米比較を通して考えるこれからの生徒指導―なぜ日本の教師は生徒指導で疲弊してしまうのか』学事出版

唐澤富太郎（1955）『教師の歴史―教師の生活と倫理』創文社

草場弘（1942）「纏れたる『訓への鞭』事件批判」『国民学校師道論』清水書房

牧柾名・今橋盛勝・林量淑・寺崎弘昭編著（1992）『懲戒・体罰の法制と実態』学陽書房

文部科学省（2022）『生徒指導提要』

八尾坂修・片山紀子・原田かおる（2016）『教師のためのコーチング術』ぎょうせい

**第 8 章**

ヴィクトール・E・フランクル著，霜山徳爾訳（1985）『夜と霧―ドイツ強制収容所の体験記録』みすず書房

厚生労働省「ご家族の薬物問題でお困りの方へ」公式ホームページ

国家公安委員会・警察庁（2023）『令和 5 年版 警察白書』

澤登俊雄（1999）『少年法―基本理念から改正問題まで』中公新書

杉田峰康監修，春口徳雄編著（1995）『ロール・レタリングの理論と実際―役割交換書簡法』チーム医療

松本俊彦（2017）「『生きづらさ』からの薬物乱用を防ぐ」『月刊生徒指導』学事出版 9月号

宮口幸治（2019）『ケーキの切れない非行少年たち』新潮新書

T・ハーシ著，森田洋司・清水新二監訳（1995）『非行の原因―家庭・学校・社会へのつながりを求めて』文化書房博文社

吉田里日（2004）「女子少年院在院者の性被害経験」藤岡淳子他著『少年非行』星和書店

Hirschi, Travis（1969）*Causes of Delinquency*, Univ. California Press

Mendez, Roy & Sanders, Stanley G.（1981）'An Examination of In-School Spension: Panacea or Pandora's Box?', *NASSP Bulletin*, Jan. pp.65-69

Morrison, Gale M. & Incau, Barbara D',（1997）'The Web of Zero Tolerance: Characteristics of Students Who Are Recommended for Expulsion from School', *Educational and Treatment of Children*, Vol. 20, pp.316-35

Garibaldi, Antoine, M.,（1992）'Educationg and Motivating African American Males to Succeed', *Journal of Negro Education*, Vol.61, No.1,p.6

**第 9 章**

大津市中学校におけるいじめに関する第三者調査委員会「調査報告書」2013年 1 月31日

片山紀子監修，長瀬拓也・伊田勝憲編著（2021）『実践・事例から学ぶ生徒指導』トール出版

國分康孝監修，押切久遠著（2001）『非行予防エクササイズ―子どもたちの後悔しない人生のために』図書文化社

国立教育政策研究所（2021）「いじめ追跡・調査2016－2018 いじめ Q&A」

武田さちこ（2004）『あなたは子どもの心と命を守れますか！―いじめ白書「自殺・殺人・傷害」121人の心の叫び！』WAVE 出版

松谷みよ子（1987）『わたしのいもうと』偕成社

森田洋司・清永賢二（1994）『いじめ―教室の病い』金子書房

文部科学大臣決定「いじめ防止等のための基本的な方針」最終改定2017年 3 月14日

文部科学省「いじめの重大事態の調査に関するガイドライン」2017年 3 月

矢巾町いじめ問題対策委員会「調査報告書（概要版）」2016年12月23日

吉田順（2016）『その手抜きが荒れをまねく―落ち着いているときにしておく生徒指導』学事出版

### 第10章
内田利広（2006）「不登校の現状とその理解」忠井俊明・本間友巳『不登校・ひきこもりと居場所』ミネルヴァ書房

斎藤環（2002）『「ひきこもり」救出マニュアル』PHP 研究所

周防美智子・片山紀子（2023）『生徒指導の記録の取り方―個人メモから公的記録まで』学事出版

不登校に関する調査研究協力者会議「不登校児童生徒への支援に関する最終報告」平成28年 7 月

文部科学省通知「不登校児童生徒への支援の在り方について」2016年 9 月14日

文部科学省初等中等教育局児童生徒課「令和 4 年度 児童生徒の問題行動・不登校等生徒指導上の諸課題に関する調査結果について」令和 5 年10月4日

八島太郎（1979）『からすたろう』偕成社

### 第11章
折出健二（2001）『変革期の教育と弁証法』創風社

折出健二（2018）『対話的生き方を育てる教育の弁証法―働きかけるものが働きかけられる』創風社

片山紀子（2006）「教室の規律形成に着目した学校改善に関する一考察―小学校でのエスノグラフィーとコートランド校での事例を手がかりに」『大阪女子短期大学紀要』第30号 pp.37-46

片山紀子・若松俊介著（2019）『対話を生み出す授業ファシリテート入門―話し合いで深い学びを実現』ジダイ社

片山紀子・若松俊介編著（2021）『うまくいかないから考える―若手教師成長のヒント』ジダイ社

学級経営研究会編（2000）『学級経営をめぐる問題の現状とその対応―関係者間の信頼と連携による魅力ある学級づくり「学級経営の充実に関する調査研究（最終報告書）」』2000年 3 月 p.9

河村茂雄（1999）『学級崩壊に学ぶ―崩壊のメカニズムを絶つ教師の知識と技術』誠信書房

白井俊（2020）『OECD Education2030 プロジェクトが描く教育の未来―エージェンシー，資質・能力とカリキュラム』ミネルヴァ書房

三隅二不二（1966）『新しいリーダーシップ―集団指導の行動科学』ダイヤモンド社

Page, David Perkins（1847）, *Theory and Practice of Teaching of the Motives and Methods of Good School-Keeping*, New York,（Arno Press, Reprint Edition, 1969）pp.186-261.

**第12章**

阿部彩（2008）『子どもの貧困―日本の不公平を考える』岩波新書 pp.167-171

金澤ますみ（2020）「第7章 子どもを危機から救う」片山紀子監修，長瀬拓也・伊田勝憲編著『実践・事例から学ぶ生徒指導』トール出版 pp.118-136

厚生労働省（2023）『2022（令和4）年 国民生活基礎調査の概況』

dJ サステナビリティ推進オフィス（2023）「LGBTQ＋調査2023」

内閣府（2022）『令和4年版 子供・若者白書』

松尾知明（2013）「だれもがありのままに生きられる多文化共生社会をめざして」『社会科教育』7月号 pp.18-19

宮口幸治（2019）『ケーキの切れない非行少年たち』新潮新書

文部科学省「性同一性障害や性的指向・性自認に係る，児童生徒に対するきめ細かな対応等の実施について（教職員向け）」2016年4月

文部科学省「いじめの防止等のための基本的な方針」2017年3月

**第13章**

上岡一世（2019）『特別支援教育 新学習指導要領を踏まえたキャリア教育の実践』明治図書

木村元（2015）『学校の戦後史』岩波新書

日本キャリア教育学会（2020）『新版 キャリア教育概説』東洋館出版社

中央教育審議会「今後の学校におけるキャリア教育・職業教育の在り方について（答申）」2011年1月31日

デイビッド・エプスタイン著，東方雅美訳（2020）『RANGE（レンジ）知識の「幅」が最強の武器になる』日経BP

学びリンク編集部（2021）『高認があるじゃん！2021-2022年（高卒認定試験完全ガイド）版』学びリンク

文部科学省「職場体験ガイド」公式ホームページ

文部科学省総合教育政策局生涯学習推進課「高等学校卒業程度認定試験」公式ホームページ

**第14章**

太田肇（2019）『「承認欲求」の呪縛』新潮社

阪根健二（2007）『教育関係者が知っておきたいメディア対応―学校の「万が一」に備えて』北大路書房

周防美智子・片山紀子（2023）『生徒指導の記録の取り方―個人メモから公的記録まで』学事出版

ニッコロ・マキアヴェリ著，池田廉訳（2002改版）『新訳 君主論』中公文庫

文部科学省「熱中症事故の防止について（依頼）」2017年5月15日

文部科学省「学校給食における食物アレルギー対応指針」2015年

山口明雄（2007）『マスコミ対応はもう怖くない！ メディアトレーニングのすべて』パレード

# 片山 紀子（かたやま・のりこ）

奈良女子大学大学院 人間文化研究科 比較文化学専攻 博士後期課程修了 博士（文学）。現在，京都教育大学大学院 連合教職実践研究科 教授。教職大学院で生徒指導や学級経営の授業を担当している。

著書に『アメリカ合衆国における学校体罰の研究―懲戒制度と規律に関する歴史的・実証的検証―』（風間書房・単著），『できてるつもりのコーチング』（学事出版・共著），『日米比較で考えるこれからの生徒指導―なぜ日本の教師は生徒指導で疲弊してしまうのか―』（学事出版・共著），『生徒指導の記録の取り方―個人メモから公的記録まで―』（学事出版・共著），『うまくいかないから考える―若手教師成長のヒント』（ジダイ社・共著）などがある。

問い合わせ先：noriko@kyokyo-u.ac.jp

# 五訂版 入門生徒指導
## 『生徒指導提要（改訂版）』を踏まえて

2024年1月6日 初版第1刷 発行

著　者　片山紀子

発行人　安部英行

発行所　**学事出版株式会社**
　　　　〒101-0051　東京都千代田区神田神保町1-2-5
　　　　電話　03-3518-9655
　　　　https://www.gakuji.co.jp/

編集担当　町田春菜　　装丁デザイン　三浦正巳
イラスト　松永えりか・エトオミユキ
組版・印刷・製本　精文堂印刷